ANTIQUITÉS ÉTRUSQUES, GRECQUES ET ROMAINES.

TOME QUATRIÈME.

ANTIQUITÉS
ETRUSQUES.
GRECQUES ET ROMAINES
Gravées par F.A. David
avec leurs Explications par d'Hancarville
TOME IV.
A PARIS
Chez l'Auteur, rue Pierre Sarrazin.
1785.

ANTIQUITÉS ÉTRUSQUES, GRECQUES ET ROMAINES,

Ou les beaux Vases Étrusques, Grecs et Romains, et les Peintures rendues avec les couleurs qui leur sont propres,

GRAVÉES PAR F. A. DAVID,

AVEC LEURS EXPLICATIONS,

PAR D'HANCARVILLE.

TOME QUATRIÈME.

A PARIS,
Chez l'AUTEUR, F. A. DAVID,
rue Pierre-Sarrazin, n°. 13.

M. DCC. LXXXVII.

ANTIQUITÉS ETRUSQUES, GRECQUES ET ROMAINES.

HISTOIRE DE LA SCULPTURE ET DE LA STATUAIRE DES GRECS.

Des temps qui ſuivirent la Guerre de Troye, juſqu'à la mort d'Alexandre le Grand.

HYGIÉNON, Dinias, Charmas, dont l'âge inconnu au ſiècle de Pline, remonte aux premiers tems de la Peinture, furent les plus anciens Peintres *Monochromates;* ils peignirent en une ſeule couleur détachée du fond, des tableaux abſolument ſemblables à beaucoup de ceux que l'on trouve répandus dans cet ouvrage. Eumarus d'Athènes, ayant le premier diſtingué les ſexes, vint après eux, & fut certainement antérieur aux Artiſtes qui firent la chaſſe expliquée dans le premier Volume de cet ouvrage: car le ſexe eſt clairement énoncé dans les productions de ces derniers; ainſi tous ces Peintres vécurent néceſſairement, ou avant ou du moins peu après la ruine de Troye. La priſe de cette Ville fameuſe, enrichit la Grèce,

& couvrit de gloire les peuples qui y prirent part, de même que les Généraux qui les commandèrent; ceux-ci furent regardés comme autant de Héros. De retour dans leur patrie, ils y consacrèrent un grand nombre de Temples & de Statues, monumens remarquables de leur victoire, de leur gratitude envers les Dieux, & du goût de leur siècle pour les beaux Arts.

Diomède éleva dans Corinthe un Temple à Minerve, révérée sous le titre de Minerve *aux bons yeux*, en mémoire de ce que devant Troye, au milieu du combat, Minerve lui dessilla les yeux, & dissipa les épaisses ténèbres dont il étoit environné. Ce Héros érigea depuis à la même Déesse une statue dans Mothone, sous le nom d'Anémotis; c'étoit l'accomplissement d'un vœu fait pour délivrer le pays des vents qui le ravageoient: le Temple qu'il construisit à l'honneur d'Apollon *Epibaterius*, après être échappé à la tempête, dont les Grecs furent accueillis en retournant dans leur patrie, avoit le même objet; c'est, je pense, pour une pareille raison, que l'on dédia dans le bois de Cérès, près de *Lerna*, un autre Temple à Neptune *Sauveur*, dont la statue faite de bois, représentoit contre l'ordinaire, ce Dieu assis, peut-être pour montrer qu'il étoit le Roi & le Dominateur des Mers.

Ce fut encore, à ce que je crois, au sujet de cette guerre célèbre, que dut son origine le Temple de la Victoire, construit dans Mégare; on y voyoit une Minerve consacrée sous le nom d'Ajax, vraisemblablement avant son départ pour Troye: car il ne revint pas de cette expédition. La statue d'Iphigénie, *d'un goût très-ancien*, consacrée dans le Temple de la Diane d'Egire, de même que celle des Euménides, érigées par Oreste, fils d'Agamemnon, paroissent avoir été faites à-peu-près dans les temps dont nous parlons, ainsi que le Temple, qu'après son arrivée dans Itaque, Ulysse éleva sur la cime du mont Borée à Neptune & à Minerve *Tutelaire*, pour reconnoître la constante protection que cette Déesse lui avoit accordée.

Délivrée des soins de la guerre de Troye, la Grèce fit l'apothéose des Héros fameux dans les deux âges précédens. Saphirus & Alexanor, tous deux fils de Machaon, consacrèrent l'un dans Argos, l'autre à Titane, des Temples à Esculape leur *Ayeul;* Hercule dès son vivant, regardé comme un Héros, ne fut cependant adoré par les habitans de Marathon, que bien longtems après sa mort, & ce ne fut que par l'avis de Phestus, près de trois générations après lui, que les Sicyoniens, qui auparavant lui rendoient les honneurs héroïques, commencèrent à l'adorer comme un Dieu. Voilà pourquoi, neuf ans après la prise de Troye, lorsqu'Ulysse alla consulter l'ombre de Tirésias, il vit parmi celles d'Agamemnon, d'Achille, d'Ajax, l'ombre d'Hercule, quoique, dit l'Odyssée, il occupât dès-lors une place à la Table des Dieux; ce qui fait voir qu'il ne fut admis parmi eux que vers le temps du siége de Troye, ou peut-être même après cette époque. En effet, quand Hyllus son fils, fut tué par Echémus, quand ses descendans vinrent pour la première fois réclamer ses drois sur le Péloponèse, & à plus forte raison, lorsqu'Euristée les contraignit à chercher un azile dans l'Attique. Hercule considéré comme un homme très-illustre par sa force, sa bravoure & ses exploits, ne l'étoit assurément pas comme un Dieu.

Les Dioscures obtinrent les honneurs divins, quarante ans seulement après leur combat contre Ida & Lincée, où Castot périt : si l'on compare le temps de ce combat, avec celui du discours qu'Helene tient dans l'Iliade à Priam, & aux Vieillards assemblés avec lui pour considérer l'armée des Grecs, on verra que ce premier tombe à-peu-près dix ans avant le siége de Troye; ainsi ce ne fut que plus de trente ans après leur mort, que l'on érigea des autels à ces deux Héros.

Ces obſervations nous découvrent un uſage ſingulier des Anciens; par une ſorte de béatification anticipée, ils regardoient les perſonnages les plus récommandables par leurs vertus & par les ſervices rendus au Public comme des Héros, quelquefois dès leur vivant même, ou peu de temps après leur mort; mais ils attendoient pour les déifier, qu'une ou pluſieurs générations euſſent confirmé l'idée de leur ſainteté & du reſpect qu'on avoit pour eux. Cela eſt ſi vrai, que Prax, arrière petit-fils de Pergamus, fils de Néoptoleme, fut le premier qui érigea près de Sparte, à l'honneur d'Achille, le plus illuſtre de ſes ancêtres, un Temple où les jeunes gens, avant de s'exercer au combat, ne manquoient jamais de faire des ſacrifices à ce Héros. Diomède fut auſſi le premier qui rendit à Trœzene les honneurs divins à Hippolyte, près de quarante ans après ſa mort.

La comparaiſon des monumens de ces temps-là, nous fait remarquer un uſage très-ſingulier : car il ſemble qu'alors on commençoit par repréſenter les *Héros*, en employant, non des *images reſſemblantes*, mais des *indications* ou des *ſignes*, comme on le faiſoit avant la naiſſance de la Sculpture, & ce n'étoit vraiſemblablement qu'après leur *déification*, qu'on leur élevoit des *ſtatues* dans l'intérieur des Temples. C'eſt ainſi qu'Hercule, à qui, dès ſon vivant, Dédale même en avoit érigé dans pluſieurs endroits publics, ne fut cependant *indiqué* que par une ſimple pierre dans ſon temple d'Hyette en Béotie, & qu'au rapport de Plutarque, les Dioſcures furent d'abord *ſignifiés* à Sparte, par les *Poutres des Anactes* ou *Rois*. Ces poutres unies l'une avec l'autre par des *Tenons*, marquoient à la fois l'intime amitié qui rendit ces frères inſéparables, & leur naiſſance qui étoit commune. Le ſigne dont nous nous fervons encore pour repréfenter la conftellation des Jumeaux, eft l'image de cette ancienne manière dont on les *fignifioit* à Lacédémone.

Cette belle idée de repréfenter les Diofcures par des Poutres accollées par des Tenons, parut fi élégante, qu'elle fut confervée dans les meilleurs temps de l'art ; & lorfque la fuperftition déifia ces deux Princes, la Sculpture s'appliquant à donner à ces poutres la figure que l'on donnoit depuis fi long-temps aux autres Dieux, le *Tenon* qui les uniffoit par en haut devint le *bras* de Pollux, qui, paffant fur le col de Caftor, alla s'appuyer fur fon épaule, & continua à *exprimer*, comme le tenon le *fignifioit* auparavant, avec leur union & leur naiffance, la fupériorité de Pollux qui étoit immortel & fils de Jupiter, fur Caftor qui n'étoit que le fils de Tyndare ; tels les Diofcures font repréfentés en un beau groupe, appartenant autrefois à la Reine Chriftine de Suéde, tels on les voit encore au Capitole, fur un très-grand nombre de pierres gravées, & dans quelques autres monumens qui exiftent à Rome & ailleurs.

Cette manière de conferver l'idée des *fignes* primitifs dans les ftatues qui les remplacèrent, paroît avoir été affez uniforme chez les Anciens. Rien n'étoit en effet plus naturel que de chercher à rappeller dans les figures fubftituées aux *fignes*, ces anciens objets de la vénération publique, qui fembloient rendre l'Art plus refpectable, par le refpect même qu'il montroit pour eux. C'eft ainfi que l'*union* des trois pierres blanches, qui *indiquoient* les Graces à Orchomène, fut confervée lorfque la Sculpture convertit ces pierres en ftatues ; le point par où elles fe touchoient, devint la main par laquelle chacune d'elles fe repofa fur les bras de l'autre, tandis que de celle qu'elles avoient libre, elles tinrent les atttributs qui les diftinguoient. Cette attitude charmante continua d'*indiquer* l'avantage qu'elles fe prêtent l'une à l'autre, l'harmonie qui les rend inféparables, &

le plaisir qu'elles procurent par leur union. Telles on les voit sur les médailles, sur beaucoup de pierres gravées, dans un petit groupe qui appartient à la maison de Borghèse, mais particulièrement dans les Antiquités d'Herculanum, *David*, *Tome III*, *Pl.* 21.

La pierre d'Hyette, & celle de Thespie, qui *indiquoient* Hercule & l'Amour, se voient encore, l'une sous la massue de l'Hercule du Palais Pitti, comme sous celui de Glycon qui n'en est que la copie : l'autre sert de siége à deux Cupidons dormans qui sont dans la galerie de Florence, & sur plusieurs pierres antiques.

La branche de la Diane d'Orée se trouve presque toujours placée à côté des figures de cette Déesse, comme le laurier qui représentoit anciennement Apollon sert ordinairement de soutien & d'appui à ses statues.

La mémoire de la Pyramide qui représentoit Jupiter *Mélichius* à Sicyone, s'est conservé dans la forme pyramidale des cheveux de ce Dieu ; cette forme combinée avec celle de son visage, rappelle clairement l'idée de l'ancienne manière de le *signifier*. On remarque des traces de ce *signe* dans quelques têtes d'Alexandre ; la Pyramide formée par l'élévation de ses cheveux sur son front, la manière dont ils se rabattent sur les côtés de sa tête, font reconnoître l'intention de le représenter comme fils de Jupiter. Mais ce signe n'est nulle part aussi sensible, que dans le beau buste de ce Dieu, tiré du palais Massimi, & conservé au Capitole ; la plupart des Peintres, le Guide, entr'autres, ont employé le caractère de cette tête pour représenter dans leurs tableaux celle de Dieu le Pere.

Dans le *Modius* qui est toujours sur la tête de Sérapis ou Pluton, on reconnoît clairement le vase ou la corbeille placée sur les colonnes quarrées qui très-anciennement *signifioient* ce Dieu : on mettoit quelquefois ce *modius* sur les sépultures, celui

celui de Sérapis eſt en tout ſemblable à la corbeille, qui, près de Corinthe, poſée ſur le tombeau d'une jeune fille, fut entouré de ces feuilles d'Achante, dont le Sculpteur Callimaque, au rapport de Vitruve, emprunta l'idée du chapiteau Corinthien, dans lequel il eut ſoin de la conſerver, pour en marquer l'origine.

Si je ne craignois de trop m'étendre, il me ſeroit aiſé par les ſeuls monumens qui nous reſtent, d'expliquer les attributs & les raiſons des formes de preſque tous les Dieux de l'Antiquité; mais comme ce n'eſt pas là mon objet, je me contenterai de faire obſerver combien les Anciens furent attentifs à faire ſentir le paſſage de l'idée primitive, à celle qui produiſit enſuite les ſtatues. Cette attention paſſée en maxime, & devenue commune à la Sculpture, à la Peinture & à l'Architecture, nous a conſervé la mémoire de ce que les choſes furent, même avant que ces Arts exiſtaſſent; ils ſemblent, par cette pratique, avoir voulu nous conſerver le ſouvenir de ce qu'ils ont été dans leurs commencemens, celui du chemin qu'ils ont parcouru, & des obſtacles qu'ils ont dû franchir : leur hiſtoire écrite par eux-mêmes, ſe lit dans ces monumens; & quand on conſidére de quels principes ils partirent pour arriver à ce point de grandeur où ils parvinrent dans la ſuite, on voit que ce n'eſt pas ſans raiſon qu'ils paroiſſent s'être glorifiés de la foibleſſe même de leur origine.

Comme on avoit déifié les Héros contemporains d'Hercule, deux ou trois générations après leur mort, on rendit les mêmes honneurs environ ſoixante ou ſoixante & dix ans après les deux ſiéges de Thèbes, aux Darius Amphiaraus, Trophonius, & aux autres Chefs qui y avoient aſſiſté. Ce fut alors que l'on érigea dans Argos, près du tombeau de Danaüs, les ſtatues de Polynice, & des Princes qui périrent avec lui devant Thèbes; de même que celles des Epigones qui l'aſſiégèrent, & la prirent peu de tems après. Ceci confirme l'obfervation de M. de Grantmenil, au fujet de la ftatue de Trophonius, confervée à Lébadée, & *montrée feulement à ceux qui venoient confulter fon oracle;* car elle ne pouvoit être de Dédale, comme le dit Paufanias, puifque d'une part on ne lui en érigea au moins dans les Temples, que plus de cent vingt ans après la mort de cet Artifte, qui d'ailleurs étoit plus ancien que Trophonius; mais cette ftatue étoit vraifemblablement de quelque Sculpteur forti de fon école, & qui vécut dans le fiècle poftérieur au fiége de Troye.

Dix-fept ans avant ce fiège, environ dix ans après celui de Thèbes par les fept Chefs dont Efchyle fait mention, les Epigones faccagèrent cette ville. Manto ou Daphné, fille du devin Tiréfias, ayant eu fous les yeux les images fanglantes de ces deux funeftes guerres, fut conduite à Delphes par les vainqueurs. Après y avoir rendu des Oracles pendant quelque temps, elle paffa dans l'Ionie, & s'arrêta vers ce même pays, où naquit Homere environ cent foixante ans après elle. Diodore de Sicile nous apprend, que ce grand Poëte profita beaucoup de la lecture des vers de Daphné, & comme il eft probable qu'elle y parloit des malheurs d'autant plus fenfibles pour elle, qu'après avoir caufé la mort de fon père & les défaftres de fa famille, ils la contraignoient encore à errer de pays en pays, & à vivre éloignée de fa patrie, il paroît donc bien vraifemblable que fes poëmes, dont les fujets avoient une fi parfaite reffemblance avec ceux de l'Iliade & de l'Odyffée, en donnèrent les premières idées. L'hiftoire de cette guerre étoit d'ailleurs écrite en vers, car le poëte Calœnus en avoit confervé quelques morceaux qui étoient, dit Paufanias, après les vers d'Homere, à qui Calœnus les attribuoit, les plus beaux qu'il eut jamais lus.

Plus importante que la guerre de Thèbes, celle de Troye

intéreſſant la Grèce en général, & chacun de ſes peuples en particulier, fut célébrée par la plupart des Poëtes du tems même où elle ſe fit. Homere la fait chanter par Démodochus chez les Phéaciens, & par Phémius dans l'Iſle d'Itaque : tous les Rois ayant leurs Poëtes, qu'on regardoit alors comme des Sages, & preſque toutes les Villes ayant des Rois, la Grèce ſe trouva remplie de gens, dont les uns compoſoient, les autres chantoient avec eux les vers faits à l'honneur des Princes & des Villes qui prirent part à cette entrepriſe. Ainſi dans le long repos, dont les Grecs jouirent pendant près d'un ſiècle après le ſiége de Thèbes & celui de Troye, leur Religion s'occupa à déifier les Héros qui y avoient aſſiſté, leur Poéſie à les chanter, leur Architecture à leur élever des Temples, enfin la Sculpture, la Peinture & la Gravure, travaillèrent à leur ériger des monumens de toute eſpèce.

C'eſt alors que parut Cimon de Cléone, petite Ville ſituée ſur le chemin d'Argos à Corinthe. Cet artiſte vêcut peu après Eumarus d'Athènes, dont il ſuivit les traces, & perfectionna les découvertes : Eumarus oſa tenter le premier d'*imiter tous les objets de la Nature ;* non moins hardi, Cimon entreprit d'*indiquer les plans des différentes parties de ſes figures*, & par-là de rendre les objets qui ſe préſentent *obliquement ;* il donna les premières notions de perſpective à la Peinture, & lui apprit que pour repréſenter les objets tels qu'ils ſont en effet, il faut les deſſiner tels qu'ils ne ſont qu'en apparence ; cette ingénieuſe maxime, fondée ſur la nature du ſens de la vue, & ſur les moyens que peut fournir l'Art pour lui en impoſer, ouvrant à ce dernier une carrière toute nouvelle, devint la ſource d'un grand nombre d'inventions utiles, qui, dans la ſuite, contribuèrent beaucoup à ſa perfection.

On put dès ce moment *varier les figures & les airs de tête, en donnant à cette partie tous les mouvemens dont elle eſt ſuſcep-*

tible. L'étude de cette nouvelle méthode contraignit à des obſervations plus particulières ſur toutes les parties du corps humain, ſur leurs relations entr'elles, ſur leurs uſages propres, ce qui fit ſentir à Cimon de Cléone la néceſſité de détailler les *Articulations* & les *Muſcles* plus ſoigneuſement qu'on ne le faiſoit avant lui; & comme dans les Arts, une heureuſe invention conduit toujours à quelqu'autre, encouragé par le ſuccès qu'avoient eu les ſiennes, Cimon de Cléone penſa bientôt à porter ſur les êtres inanimés, les mêmes obſervations qu'il venoit de faire ſur les êtres ſenſibles; il chercha & découvrit le moyen de rendre le *jet des draperies*, en deſſinant avec les *plis* qu'elles forment, les *contours* qu'elles doivent ſuivre, ſelon les corps ſur leſquels elles ſe trouvent *placées*, & les *attaches* qui les *retiennent.*

Cet Artiſte, dont le nom fait époque dans l'Hiſtoire de la Peinture, mérite, ſans doute, d'être plus connu qu'il ne l'a été juſqu'à préſent : car il fit pour ſon art, ce qu'un peu plus d'un ſiècle avant lui, Dédale avoit fait pour le ſien, il en découvrit le *Méchaniſme.* En fourniſſant des moyens nouveaux de varier les attitudes par-là même, quoique ſans les connoître diſtinctement, il ſe rapprocha de *la meſure du mouvement*, & découvrit le chemin qui devoit dans la ſuite conduire à *l'expreſſion.* Ces importantes découvertes mirent l'Art en état d'entreprendre & de rendre avec ſuccès les plus grands ſujets; juſques-là on n'avoit tenté de repréſenter que des faits ſimples, ſatisfaits de pouvoir donner une légère connoiſſance de l'action repréſentée, contens de l'eſpérance d'en avoir rappellé ou conſervé le ſouvenir, les cauſes qui avoient concouru à la faire naître, le ſentiment qui l'avoit produite, l'effet qui devoit s'en ſuivre, l'impreſſion qui devoit en réſulter dans l'eſprit du ſpectateur, n'étoient ni prévus, ni préparés dans les compoſitions des Peintres de ces tems anciens; leurs tableaux étoient des ſortes de diſcours écrits, où les faits étoient expoſés, ſans que rien parut les avoir amenés ou devoir les ſuivre; les figures ſervoient de paroles à ces diſcours, quelquefois remplis d'eſprit, mais preſque toujours dénués d'intelligence. En étendant les idées trop reſtreintes par les méthodes employées juſqu'à lui, Cimon de Cléone ſut donner les moyens d'exprimer la *moralité* des actions, & fut l'un des premiers qui frayèrent les routes à cette importante partie de la Peinture, que les Grecs appellèrent *Ethé* ou les *Mœurs*.

Une épigramme recueillie dans l'Anthologie, nous apprend l'opinion des connoiſſeurs du tems où elle fut faite ſur les défauts reprochés à Cimon de Cléone; & comme elle les compare à ceux qu'on reprochoit à Dédale, & croit ces deux Artiſtes excuſables par les mêmes raiſons, cette épigramme ſemble nous laiſſer entrevoir que leurs fautes étoient plutôt celles de l'état où ils trouvèrent leur Art, que celles de leur génie, qu'ils eurent d'ailleurs des qualités à-peu-près ſemblables, & qu'ils vécurent dans des tems peu éloignés l'un de l'autre.

Platon, contemporain d'Alcamène, de Scopas, de Praxilète, de Lyſippe, d'Apelles, de Zeuxis, de Protogène, enfin des plus grands Artiſtes de la Grèce, diſoit, comme nous l'avons rapporté ailleurs, que les Sculpteurs de ſon tems aſſuroient, que *Dédale eût paſſé pour ridicule, s'il eût fait alors des ouvrages pareils à ceux qui lui firent autrefois une ſi grande réputation;* cependant Pauſanias atteſtoit avoir vu *quelque choſe de ſublime dans ces mêmes ouvrages, quoiqu'ils n'euſſent rien de gracieux à la vue*, d'où l'on voit que l'un & l'autre lui reprochoit un peu de *rudeſſe* & de *groſſiéreté*.

L'Auteur de l'épigramme citée ci-deſſus, juge de Cimon de Cléone, à-peu-près comme Pauſanias jugeoit de Dédale; mais quelques-uns portoient des ouvrages du premier, le même jugement que les Sculpteurs du tems de Platon portoient de ceux même du fecond, qui, dit cet Auteur, n'avoit pu faire le reproche que l'on faifoit à Cimon.

En rapprochant ces éloges & ces critiques, en les comparant avec les découvertes que Pline attribue à Cimon de Cléone, on peut fe former une idée précife du caractère de fes tableaux. Le hafard femble m'avoir mis en état de donner un exemple de fa manière, d'après une des peintures de ce volume, dont le ftyle me paroît fort voifin de celui des tems de cet artifte.

Ce morceau curieux découvert en Sicile, étoit, quand il fut deffiné pour cet ouvrage, dans la collection des Jéfuites de Palerme.

On a pu voir, dans le cours de cette Hiftoire, qu'avant Dédale, la Sculpture encore dans fon enfance, pour marquer l'activité, la force & la valeur des Héros, ne pouvant leur donner *beaucoup d'action*, croyoit y fuppléer en leur donnant *beaucoup de mouvement ;* ce qui dût néceffairement contraindre l'attitude, & rendre les pofitions forcées. La Peinture, fuivant les mêmes maximes, ne connut pas mieux que la Sculpture, la règle du mouvement, qui feule pouvoit rendre l'attitude exacte, & donner de la jufteffe à la pofition des figures.

Avant d'aller plus loin, je vais rechercher ici, quels furent les fuccès de la Gravure en pierres, dans le fiècle qui fuivit la guerre de Troye. Inventé depuis cent ans, cet Art avoit eu le tems de perfectionner la partie de fes opérations, qui n'exige que l'habitude de la main & la pratique des inftrumens; mais comme il ne peut abfolument s'exercer que fur les fujets qui lui font commun avec la Poéfie, la Peinture & la Sculpture; on peut être affuré, qu'à leur exemple, il s'appliqua, dans le fiècle dont nous parlons, à repréfenter les Héros de Thèbes & ceux de Troye, & qu'il contribua de fon côté à perfectionner le deffin, dont les progrès, comme on vient de le voir, fe montroient fenfiblement dans les différens ouvrages.

Ayant déjà reconnu un nombre aſſez conſidérable de pierres gravées long-tems avant celles que l'on fit alors, une partie de ces dernières devant, par la petiteſſe de leur volume, jointe à la ſolidité de leur matière, être échappée comme les autres aux injures du tems, il eſt probable qu'il en exiſte, même à préſent, un fort grand nombre. L'importance dont elles ſeroient pour indiquer d'une manière encore plus aſſurée, le ſtyle du deſſin, & par conſéquent de la Sculpture de ces tems reculés, l'intérêt qu'auroit cette Hiſtoire à déterminer le caractère qui feroit reconnoître ces monumens, m'obligent à quelques recherches, propres à conduire à cet objet; ces recherches pourront en même tems ſervir à montrer l'*origine*, de même que la *deſtination* de la Gravure, & les raiſons qui portèrent les Anciens à multiplier preſqu'à l'infini les ouvrages de cet Art, dont il nous reſte une ſi prodigieuſe quantité de monumens intéreſſants.

Lorſque dans les tems qui précédèrent la Sculpture, des pierres informes dépoſées danr les Temples y indiquèrent les Dieux, des cailloux, d'un volume beaucoup moins conſidérable, les indiquèrent dans les Chapelles domeſtiques, & ſervirent à maintenir la dévotion des particuliers, comme les premières ſervoient à l'entretien de la dévotion publique. C'étoient proprement des *Bætyles*, Sanchoniaton en attribue l'invention à Uranus; il les appelle des pierres *parlantes* ou *animées*, parce que la ſuperſtition les conſultoit quelquefois, comme les Nègres de la côte de Guinée conſultent encore à préſent leur Manitous, & les Lapons leurs Tambours.

Ces indications particulières prirent à la longue des formes différentes, & furent ſujettes aux mêmes révolutions que les indications publiques, dont elles étoient les images; l'uſage s'introduiſit bientôt de les porter avec ſoi. L'envie de les rendre plus commodes pour le tranſport, la crainte de les perdre, car on les regardoit comme ſacrées, engagèrent d'abord à en diminuer la maſſe , & depuis à les ſuſpendre au cou. Mais comme ils pouvoient bleſſer par leur partie angulaire, lorſque les Cyppes furent inventés, on leur donna des formes cylindriques, priſmatiques ou ovoïdes, & l'on employa pour les faire, les pierres les plus ſuſceptibles d'un beau poli. Cet uſage produiſit les *Amuletes*, qu'on porta comme des préſervatifs contre les mauvais génies, & contre toute ſorte de maux. Il fut auſſi l'origine du travail des Agathes de toutes les eſpèces, qui devint ſi commun chez les Grecs : ainſi, quand ils inventèrent la Gravure, la coutume d'employer des pierres dures leur étant déjà très-familier, ils n'ignoroient pas les moyens de les préparer, comme il faut qu'elles le ſoient pour les travailler.

Lorſque les *figures* prirent la place des *indications* & des ſignes, l'ancien uſage de porter les *indications* ne ceſſa pas tout-à-fait; mais l'on commença à joindre avec elles des petites images des Dieux, ſouvent repréſentés ſur les colliers, les bracelets, ou les pendans d'oreille; & quand Pline, Apulée, Athénée, & tant d'autres auteurs ne nous auroient pas conſervé la mémoire de cette pratique, les monumens qui nous reſtent ſuffiroient pour nous en aſſurer. J'ai vu un très-grand nombre d'aiguilles de tête & de boucles d'oreille en or, en argent, en yvoire, & même en bronze, avec des Cupidons, des Vénus, des Acratus, des Bacchus, des figures Panthées, mais ſur-tout avec des Harpocrates; c'étoit, comme on ſçait, le Dieu du Silence, on le plaçoit à la porte des Temples, pour montrer que les myſtères des Dieux devoient être ſecrets; ſuſpendu aux oreilles des femmes, il leur apprenoit qu'on ne doit pas dire tout ce que l'on entend, & que la prudence conſiſte à beaucoup écouter & à parler peu.

La *Terre* étant avec le *Cahos*, & le *Tartare*, ſuivant l'ancienne théologie des Grecs, rapportée par Héſiode, la plus ancienne

ancienne des Divinités, le *Scarabée* la repréſenta : il fut quelquefois le ſymbole du Soleil ; & lorſqu'on en déploya les ailes, il paroît avoir été celui de l'air ; mais c'eſt pour indiquer la Terre, Cybelle ou la Mere des Dieux, qu'il fut ſi fréquemment employé dans ces ſortes d'amulettes, auxquelles il paroît avoir été particulièrement deſtiné. Quand la Gravure fut découverte, le culte à rendre aux Héros, & le deſir de conſerver les images de ceux qu'on regardoit comme des protecteurs, en fit joindre la figure à ces amulettes ; par ce moyen chacun portant avec ſoi l'image du patron qu'il s'étoit choiſi, ſembloit être plus ſpécialement ſous ſa garde, & pouvoit l'invoquer à tout moment. Vers le tems où l'uſage de porter des bagues s'introduiſit, la même raiſon de commodité & de dévotion qui avoit fait transformer les Bœtyles en Amulettes, fit changer ces Amulettes en pierres gravées, que l'on porta ſcellées dans des anneaux, ſur leſquels on repréſenta les mêmes choſes qu'on avoit d'abord repréſentées ſur ces Amulettes, & que l'ont put varier tout comme elles, car rien n'empêcha d'y employer toutes ſortes de pierres opaques, tranſparentes, ou tenant le milieu entre les unes & les autres. Ainſi les bagues devenues chez les Anciens un objet de dévotion par les figures qu'on y gravoit, furent d'abord recherchées par ce ſeul motif, auquel ſe joignirent bientôt la commodité de les employer pour cachets, & le plaiſir que dut leur cauſer dans la ſuite la beauté de la Gravure. Ces motifs réunis de dévotion, d'intérêt & de goût, rendant les pierres & les anneaux gravés d'un uſage univerſel, en durent multiplier le nombre à l'infini, & l'art de les travailler dut faire de très-grands progrès en fort peu de tems. Ce fut ſans doute une des principales raiſons pour leſquelles ils ne recherchèrent pas à brillanter les pierres capables d'un grand éclat, quoiqu'ils les connuſſent tres-bien, mais ils ne les employèrent qu'à la Gravure, comme celles qui ne sont que demi-transparentes.

On voit dans le quatrième Chapitre du trente-septième Livre de Pline, qu'ils tentèrent toutes sortes d'expériences sur le Diamant, qu'ils en connurent très-bien la nature, qu'ils surent enfin que capable de mordre sur toutes les autres pierres, il pouvoit seul être employé contre lui-même. Cependant les plus gros Diamans connus des Anciens, ne passoient pas la grosseur d'une amande. Pompée apporta en Asie le goût des pierres précieuses, qui, bientôt, fit de très-grands progrès à Rome, puisqu'au tems d'Auguste, Marcus Lollius, cet ami de César-Caïus, dont il vendoit la faveur aux Princes d'Orient, avoit une petite fille, Lollia Paolina, qui en possédoit une garniture estimée trois millions de nos livres: Caligula en faisoit enrichir ses souliers, & Néron ornoit de perles les sceptres, les habits des Histrions, & même jusqu'aux lits destinés à ses plaisirs, *cubilia amatoria.*

Presque toutes les fonctions & les emplois de la vie ayant des Dieux, que les Anciens croyoient y présider, ils en gravèrent la représentation sur des pierres, dans lesquelles on reconnoît la dévotion qu'ils avoient pour eux; mais comme *Hercule* & *Mercure* présidoient, l'un à la Gymnastique, dont les exercices occupoient presque tous les Grecs, l'autre au *Commerce*, à la *Conduite des Troupeaux*, & à l'Eloquence, ces diverses professions embrassant à-peu-près toutes celles qu'exerçoient les Grecs & les Romains, on ne doit pas être étonné, que, choisis pour Patrons de ceux qui s'en occupoient, les pierres gravées où l'on a représenté des Hercules & des Mercures, soient sans comparaison les plus abondantes de toutes. Quant à celles où l'on trouve l'empreinte des autres Dieux, elles sont d'autant plus communes, que leur culte fut plus étendue, & que la dévotion pour eux fut plus grande. Mais comme dans tous les tems, le nombre des gens ſuperſtitieux prévalut infiniment ſur celui des gens de goût, on dut à la ſuperſtition, plus encore qu'au goût des Anciens pour les Arts, le nombre prodigieux de gravures de toutes ſortes qui exiſtent encore à préſent : ainſi, par les tableaux des trois derniers ſiècles, nous voyons que la piété des Modernes contribua bien plus que leur amour pour la Peinture, à faire employer les grands Artiſtes qui fleurirent alors. Cependant comme il importe peu aux Arts, quelles cauſes les favoriſent, il eſt certain qu'ils durent à ces motifs étrangers, mais néceſſaires pour les faire travailler, l'obligation de leurs progrès chez les Grecs, les Etruſques & les Romains.

Ces *Gravures* étant pour les Anciens, ce que ſont pour nous les *images* des Saints, des motifs ſemblables aux nôtres les multiplièrent chez eux, comme ces images le ſont chez nous. Et de même qu'au ſujet d'une canoniſation, on grave un grand nombre de portraits & de médailles de la perſonne canoniſée pour ſes vertus héroïques ; ainſi quand les Grecs firent les apothéoſes de leurs Héros, ils en répandirent les images à l'infini, par le moyen des pierres gravées. L'Art de les travailler exigeant ſur-tout une très-grande pratique, ſeule capable d'en apprendre toute la *fineſſe*, & de faire connoître toute la méchanique de ſes opérations, cette *fineſſe* & cette méchanique durent aſſurément ſe développer à l'occaſion de ces apothéoſes multipliées ; car jamais aſſurément l'Art ne fut plus employé.

Vers le milieu du ſiècle poſtérieur à la guerre de Troye, l'on déifia, comme nous l'avons dit, les Héros du ſiècle précédent. Les raiſons d'analogie, tirées des conſidérations déjà faites ſur l'état où la Peinture ſe trouvoit alors, unies à celles qu'on vient de lire, ſuffiroient, ſans doute, pour montrer que les plus anciennes pierres où ſont repréſentés les chefs de l'armée conduite par les Argiens devant Thèbes, & dans lesquelles on trouve une très-grande *finesse d'outil*, doivent avoir été travaillées vers les tems où l'on rendit les honneurs héroïques à ces derniers : ainsi l'époque en est nécessairement déterminée ; mais ce qui achève de la faire reconnoître, c'est l'accord du style de leur dessin avec le caractère propre de l'Art à cette même époque ; car on voit manifestement par l'exécution de ces gravures, qu'il a suivi les maximes, & s'est conduit par les principes alors adoptés par la Peinture.

En considérant avec attention les empreintes tirées de ces pierres, par le moyen des soufres, ou seulement les dessins publiés par différens auteurs, on y remarquera facilement l'influence que les *institutions* & le *goût* des tems voisins de la guerre de Troye, dut avoir sur le *dessin*, nouvellement réduite en Art par Thésée, la Gymnastique faisoit dès-lors la principale occupation des Grecs & des Héros en général ; aussi peut-on observer dans les figures qui les représentent, la forme Athlétique, sous laquelle ils se glorifioient de paroître. Homere, dont les Poëmes sont postérieurs au travail de ces pierres, peint à la fois les mœurs du tems de la guerre de Troye, & ceux du siècle où il vêcut, en louant par tout ses Héros pour la *légèreté* de leurs pieds, la *beauté* de leurs corps, la *force* de leurs bras. Si l'on pouvoit traduire en français, avec toute l'énergie & la pompe de l'Iliade, les épithètes employées à rendre ces qualités ou d'autres semblables, elles paroîtroient aussi extraordinaire, peut-être même aussi forcées, que le paroissent les attitudes des figures gravées sur ces anciens monumens ; & faisant abstraction des idées grecques aux tems où ces poésies furent écrites, on ne seroit pas moins surpris d'entendre le plus grand des Poëtes parler en vers sublimement harmonieux, des Grecs *bien bottés*, de Junon aux *yeux de bœuf*, d'une ville remplie d'*hommes parlant dif-*

tinctement, qu'on doit ſans doute l'être, en voyant des Artiſtes placer la figure de Pélée dans l'action contrainte où ils l'ont miſe, pour retirer de ſa jambe le trait dont il eſt atteint. Ce n'étoit aſſurément pas le ſtyle de la choſe, mais c'étoit alors celui de l'Art, forcé de s'accommoder aux idées de ſon ſiècle, qu'il n'avoit pas encore pu réformer.

Dans ces pierres, comme dans les peintures faites au tems de Cimon de Cléone, on ne trouve aucune idée de *Beauté*, parce qu'avant Homere, entièrement occupé à chercher la *préciſion des formes*, les Artiſtes ne penſant pas encore à l'*accord qui peut en réſulter*, ne purent atteindre à la donner; ils avoient cependant une très-grande connoiſſance de la ſorte de beauté convenable à cette nature athlétique, alors préférée à toutes les autres.

Aux attitudes contraintes du Perſée, du Pélée & des deux Tydées, on reconnoît, comme dans les peintures poſtérieures à Cimon de Cléone, les reſtes du *ſigne*, qui, cent quarante ans avant l'époque où je crois devoir attribuer ces gravures, exagérant les proportions des figures en petit, avoit depuis totalement abandonné cette méthode, mais ſe montroit encore dans leurs attitudes qu'il *exageroit*, comme autre fois il en avoit exagéré les parties: en effet, l'action gênée des figures eſt manifeſtement employée par des Artiſtes plus habiles qu'intelligens, pour *ſignifier la ſoupleſſe* de leur Héros: à la manière étrange dont ils les ont repliés, on diroit qu'ils ont voulu les montrer comme faiſant de ces tours, dont l'exécution demande à la fois beaucoup de force, & cette agilité qui ſuppoſe un grand exercice de toutes les parties du corps, l'action de ces guerriers eſt effectivement le ſigne de tout cela.

La comparaiſon de ces morceaux faits en différens tems,

mais cependant à peu de diſtance les uns des autres, montre le tour des idées de l'Art; on voit que même en employant l'*exagération* de l'action, il cherchoit, comme autrefois il l'avoit fait à propos du *ſigne*, à corriger ce qu'elle avoit d'outrée, & dans ces pierres, ainſi que dans les peintures expliquées dans cet Ouvrage, cette méthode paroît évidemment au moment de toucher à ſa fin.

Or, comme toutes ces choſes réunies, les mœurs particulières à un ſiècle, le goût du deſſin, fondé ſur les difficultés qu'il n'a pas encore ſçu vaincre, le tour d'eſprit que l'Art fut contraint de prendre par la nature des inſtitutions & des mœurs, ne peuvent convenir à aucun autre tems de la Sculpture des Grecs, & que d'ailleurs, les caractères gravés ſur les pierres preſqu'en tout reſſemblants à ceux des Latins, ſont manifeſtement Pélaſques, je crois qu'on peut s'aſſurer, qu'une partie de ces pierres fut gravée vers le milieu & l'autre vers la fin du ſiècle poſtérieur à la priſe de Troye, ou pour le moins dans les commencemens de celui qui ſuivit. Sous le règne de Penthile & de Tyſamène, fils d'Oreſte, & les derniers de la race des Atrides, on éleva des Temples à l'honneur d'Agamemnon leur biſayeul, on y voyoit les ſtatues d'Atrée, de Caſſandre, & de tous ceux qu'Egyſte aſſaſſina dans Mycènes. Vers le même tems, Prax, arrière-petit fils d'Achille, lui conſacra un Temple environ quatre-vingt ans après ſa mort. Enfin la conſécration de Machaon, fils d'Eſculape, d'Alexanor, Nicomaque & Gorgaſe ſes petits-fils, celle d'Hygeïa & de Téleſphore, ſes enfans, tombent à-peu-près vers la même époque; & comme, par un exemple unique chez les Grecs, tous les deſcendans d'Eſculape, juſqu'à la quatrième génération, reçurent les honneurs divins, cela montre peut-être qu'alors la Médecine, qui leur valut cette diſtinction ſingulière, étoit regardée comme la première de toutes les professions de la vie civile. Ajax, alors déifié, eut aussi dans Salamine, sa patrie, une statue d'ébène; on l'y voyoit encore lorsque Pausanias voyageoit en Grèce. Nous avons des gravures de presque tous ces Héros, dont quelques-unes furent, sans doute, exécutées à propos de leur Apothéose.

Quatre-vingt ans après la ruine de Troye, les Héraclides, conduisant les Doriens avec eux, rentrèrent dans le Péloponèse; Tysamène, Roi de Sparte, ayant été tué en défendant ses états, Penthile abandonna le pays avec les Eoliens : peu de tems après sa mort, ils passèrent de la Thrace dans cette partie de l'Asie, qui prit d'eux le nom d'Eolie; ils y fondèrent Cumes, & vingt-deux ans après l'ancienne Smyrne, transportée dans la suite par Alexandre dans l'endroit où elle existe encore maintenant.

Winckelmann ne parle d'aucun tems de la Sculpture avant Dédale; d'Eudœus ou Eudochus, élève de cet Artiste, il passe à la dix-huitième Olympiade, postérieure de cinq cens ans à ce maître : n'ayant pas recherché cette analogie & cette liaison des Arts, si bien observée par Ciceron, il étoit impossible, en suivant la méthode de ce Savant, de remplir tout le plan de leur histoire; car cette liaison pouvant seule indiquer leur marche & leurs progrès successifs, étoit seule capable d'en éclairer tous les pas, & de répandre une lumière égale sur chacun d'eux, faute d'avoir connu cette connexion, faute d'avoir suffisamment examiné l'influence des révolutions arrivées en Grèce au tems des Héraclides, sur les Arts, l'obscurité où l'histoire de la Sculpture & de la Peinture est restée jusqu'à présent, s'est étendue sur celle de l'Architecture : on ignore jusqu'aux tems où les *Ordres* furent inventés; mais comme ils tiennent à la Sculpture par la liaison de leurs proportions, je vais placer ici quelques recherches sur leur origine, & sur les découvertes faites par les Architectes, vers le siècle où cette histoire est parvenue.

Après avoir chassé les Achéens de la Laconie & du territoire d'Amyclée, les Doriens élevèrent à Sparte un Temple à Jupiter Tropeus; dans le même tems, Oxilus, l'un des chefs de l'expédition des Héraclides, s'établit en Elide avec les Etoliens de sa suite; il renouvella dans Olympie les Jeux qu'Hercule, dont il descendoit, y avoit célébrés autrefois. Dans la huitième année de son règne, c'est à dire, quatre-vingt-huit ans apres la prise de Troye, les Habitans de la Tréphylie bâtirent le Temple de Junon à Olympie; on y voyoit la statue de cette Déesse assise sur un trône, & Jupiter, armé d'un casque, debout auprès d'elle. Ces statues, exécutées en or & en ivoire, étoient d'un goût fort ancien, pour ne pas dire grossier, ce sont les expressions de Pausanias. Ce goût est précisément celui des pierres gravées, dont on a parlé ci-dessus. Dans leur exécution, comme dans celle de ces statues, on trouve de la recherche dans le travail & dans la matière employée, plutôt que de la beauté dans le dessin; cependant le style de l'école de Dédale étoit déjà bien changé; car la connoissance de la nature étoit beaucoup plus grande alors, qu'elle ne l'étoit au tems de cet Artiste.

Ce Temple de Junon Olympienne étoit d'*ordre Dorique*, il avoit soixante-trois pieds de longueur, Pausanias n'en indiquant pas la largeur, sa proportion devoit suivre les règles connues au tems de cet auteur; ainsi les proportions relatives à la longueur, & par conséquent les rapports des dimensions étoient déterminés, quand cet édifice fut construit: un *péristyle* régnoit à son *pourtour*, & des deux colonnes destinées à soutenir le *Pronaos* de la partie postérieure, l'une étoit de bois de chêne. C'est ici la première fois qu'il est parlé d'un ordre d'Architecture d'Architecture dans l'histoire des Grecs ; & comme avant de venir dans le Péloponnèse, les Doriens habitoient les environs du Mont-Parnasse avec les Dryopes, établis ensuite dans Asinée, où leurs Temples les plus saints furent toujours construits dans le goût de ceux qu'ils avoient dans le pays dont ils tiroient leur origine, ces Temples n'étant pas *Doriques*, l'ordre de ce nom n'étoit pas encore connu des Doriens, quand ils vinrent dans le Péloponnèse ; mais leur manière de composer l'Architecture s'introduisit vers le tems, où conduits par les Héraclides, ils vinrent occuper l'Elide ; c'est-à-dire, vers la fin du siècle qui suivit la guerre de Troye.

Long-tems avant cette époque, on devoit connoître les proportions de l'Architecture ; car on ne feroit jamais arrivé dès les premiers essais à celles du Temple de la Junon d'Olympie : il y avoit d'ailleurs un *Ordre* connu des Grecs, car on voyoit dans l'Altis une ancienne colonne tellement usée de vétusté, que pour la conserver, on avoit été contraint de l'entourer de cerceaux de fer ; une inscription en vers, gravée sur une lame de cuivre, & placée sur cette colonne, attestoit qu'elle avoit autrefois fait partie du palais d'Œnomaus, & qu'elle étoit échappée aux flammes, dont cet édifice fut consumé. On connoissoit donc dès le tems de ce Prince, un ordre d'Architecture différent de celui que depuis on appella *Dorique*.

Pélias étoit dans un âge excessivement avancé au retour de l'expédition des Argonautes ; ses filles le firent périr en comptant le rajeunir ; cet âge suppose qu'il fut contemporain d'Œnomaus & de Tentale, dont le règne commença, suivant le calcul d'Eusebe, cent ans avant cette expédition. Nélée, père du vieux Nestor, célébra, conjointement avec Pélias, les Jeux Olympiques ; ces deux Princes étoient donc du même tems. Nélée vint avec les Léléges de Mégare, & les *Pélasgues d'Iolcos*, s'établir à Pylos dans le voisinage de Pise, vers l'embouchure de l'Alphée, où fut construit le palais d'Œnomaus. Les colonnes employées à sa construction ne pouvant être Doriques, encore moins Ioniques ou *Corinthiennes*, étoient nécessairement de cet ordre connu depuis sous le nom de *Tyrrhénien* ou Toscan, peut-être fut-il porté dans l'état où il étoit alors, par les Pélasgues Thessaliens en Etrurie ; mais les premiers Pélasgues avoient dû l'introduire en Italie, car il étoit inventé avant leur sortie de la Grèce. La disposition des colonnes de la partie postérieure du Temple de Junon, ne laisse aucun doute qu'il ne fut traité dans le goût de l'ordonnance Toscan, & la simplicité de l'ordre *primitif* conservé par les Toscans, montre bien qu'il précéda tous les autres.

Minyas, Roi de cette partie de la Béotie, où son fils bâtit ensuite Orchomène, vivoit peu avant Œnomaus ; il éleva un monument comparé, pour sa magnificence, aux Pyramides mêmes de l'Egypte. Cet édifice, en forme de *Rotonde*, construit tout en marbre pour y renfermer le Trésor Royal, *étoit*, dit Pausanias, *une des merveilles de la Grèce, digne d'être mise à côté des bâtimens les plus somptueux qui existoient dans tous le reste du monde.* Sa voûte étoit disposée de telle sorte, que la pierre employée pour lui servir de clefs, en régloit la symmétrie & les proportions. Cette relation, les connoissances & les opérations nécessaires à la construction d'une telle voûte, montre combien l'Architecture étoit avancée au tems de Minyas, & ne laissent guère douter que l'Ordre *primitif*, employé dans le palais d'Œnomaus, ne fût jamais porté à-peu-près au point où il resta dans la suite. Le troisième successeur de Minyas, Erginus, Roi d'Orchomène, fut vaincu par Hercule, ce Prince devoit être alors dans une extrême vieillesse ; car Trophonius & Agamède, ses fils, avoient construit la chambre nuptiale qu'Amphitrion fit élever pour Alcmène, mère de ce Héros. Ces deux Architectes sont les plus anciens dont l'Histoire des Grecs fasse mention ; ils bâtirent le Temple de Delphes, celui de Neptune Hippius, le tresor d'Hirieus, & jouirent d'une très-grande réputation plus de cent ans avant le siége de Troye.

Les Achéens, chassés de l'Egialé & de l'Achaïe par les Héraclides, se replièrent sur les Ioniens ; ceux-ci, retirés dans l'Attique, dont ils étoient originaires, y furent reçus par Mélanthe, l'un des descendans de Nestor : contraint dans le bouleversement général des affaires de la Grèce à chercher un asyle dans l'Attique, ce Prince en étoit devenu Roi par son courage & son bonheur au combat d'Œnoé ; il fut père de Codrus, qui préféra la gloire d'assurer la victoire à sa patrie, au plaisir de vivre & de régner. Ses fils, conduisant dans l'Asie Mineure ces Ioniens accueillis par leur ayeul, allèrent avec eux & d'autres Grecs, habiter ce vaste pays, appellé depuis Ionie.

L'époque du passage de cette Colonie heureusement fixée par les Auteurs anciens, & par les marbres d'Arondel, à la treizième année du règne de Médon, va devenir très-importante à l'histoire de l'Art. Après avoir chassé les Léleges & les Cariens, *les habitans des Villes Ioniennes*, dit Vitruve, *éleverent des Temples aux Dieux immortels ; ils firent, à l'imitation de ceux de l'Achaïe, le Temple d'Apollon* Panionius, *& l'appellèrent Dorique, parce qu'ils en avoient vu les modèles dans les Villes des Doriens : voulant y employer des colonnes, mais n'en connoissant pas les raisons, ils cherchèrent les proportions les plus propres à maintenir à la fois la solidité & la beauté de leur ouvrage ; pour cela comparant la longueur du pied à la hauteur du corps, & trouvant que l'un est la sixième partie de l'autre, ils donnèrent à la colonne Dorique, y compris le chapiteau, six fois la largeur du diamètre de sa base.* Ce rapport de la grandeur du pied à celle du corps, n'étoit donc pas déterminé avant l'arrivée des Grecs en Ionie ; car s'il l'eut été, on n'eût pas eu besoin de le rechercher, & l'on eut d'abord donné aux colonnes la mesure cherchée dans ce rapport inconnu, mesure qu'on leur donne effectivement quand il fut trouvé.

Cette découverte, plus intéressante encore pour la Sculpture que pour l'Architecture, fut bientôt adoptée par les Statuaires. Le rapport du pied à la hauteur du corps fixé par celui d'un à six, fut regardé comme la dimension la plus constante, & à la fois la plus élégante qu'on pût choisir ; elle correspond à la hauteur de huit fois la tête, prise de sa base à son sommet, & se trouve employée dans toutes les plus belles statues, dont les pieds se sont conservés ; c'est donc manifestement alors, c'est-à-dire, environ cent cinquante ans après l'incendie de Troye, que les justes proportions de la figure humaine commencèrent à être recherchées, connues & mises en œuvre.

La plus grande partie des anciennes Gravures attribuées aux Etrusques, ayant leurs figures de six têtes seulement, manquant par conséquent de deux huitièmes de la proportion déterminée à cette époque, doit nécessairement avoir été exécutée avant la découverte de cette proportion. Celles qui en approchent de plus près, furent travaillées vers le tems de cette belle découverte ; c'est une des raisons pour lesquelles je crois le Thésée dont j'ai parlé ci-dessus, gravé vers le tems de la naissance d'Homere, car il n'en fut pas de ce *rapport* comme de la nature *Athlétique*, dont les formes ne pouvoient se transporter, vu que la connoissance des mesures générales, comme des choses accessoires à l'Art, les attributs, les symboles tirés des poésies faites en Grèce passèrent aisément en Etrurie, & se communiquèrent en peu de tems à tous les Artistes.

A cette même époque, pour la première fois, on distingua par une dénomination particulière, l'Ordre d'Architecture maintenant appellé *Dorique ;* cette dénomination lui fut donnée en Ionie, non pour le diſtinguer de l'Ionique, du Corinthien ou du Compoſite, qui n'étoient pas encore inventés, mais vraiſemblablement pour ne pas le confondre avec l'Ordre *primitif* dont on ſe ſervoit avant les Doriens; car ces peuples en employoient les proportions, & le leur n'en différa d'abord que par les membres dont ils faiſoient uſage; ce ſont, je crois, ces proportions inconnues aux Ioniens, dont parle Pline dans ſon trente-ſixième Livre, & qu'il attribue à l'Ordre Toſcan.

Le haſard, comme on vient de le voir, fit connoître à la Sculpture la plus belle de toutes les proportions poſſibles, par rapport au corps humain: l'Architecture, en cherchant cette proportion, s'étoit fondée ſur un principe très-important, également applicable à tous les Arts, & capable de les perfectionner tous, c'eſt celui de *réunir l'agrément à l'utilité, la ſolidité à la beauté.* Ce grand principe eſt très-clairement développé, dans le motif expoſé par Vitruve, au ſujet des raiſons qui firent découvrir la ſymmétrie de l'ordre Dorique. *Quærentes quibus rationibus efficere poſſent, uti ad onus ferendum* (*Columnæ*) *eſſent idoneæ, & in aſpectu probatam haberent venuſtatem.*

En recevant l'une des proportions les plus capables de conduire à la beauté, les Sculpteurs adoptant en même tems le principe qui l'avoit fait découvrir, ſentirent la néceſſité de connoître toutes les autres; ils apprirent que, ſi ce n'étoit pas aſſez pour l'Architecture de donner à ſes colonnes la force néceſſaire à ſoutenir le poids qu'elle devoient porter, la Sculpture agiſſant ſur des êtres ſenſibles, ne devoit pas ſe contenter de repréſenter au moyen des ſeules attitudes, la force & la ſoupleſſe de ſes Héros, mais qu'elle devoit encore s'appliquer à leur donner toute la beauté, *venuſtatem*, dont ils étoient ſuſceptibles, comme l'Architecture la donnoit aux objets inanimés ſur leſquels elle opéroit. La poſſibilité de réduire ce principe en pratique ſe voyoit dans l'exécution même du Temple d'Apollon *Panionius*, il étoit d'ailleurs trop naturel, trop ſimple & trop agréable pour ne pas être bientôt admis de tout le monde; les idées qui durent néceſſairement en réſulter, furent effectivement celles de ce ſiècle, car Homere, dont les écrits ſont à peu-près du même tems, ne parle pas d'un ſeul Héros avec la force, la ſoupleſſe, l'agilité exigées dans les tems précédens, la *beauté* ou l'*air de nobleſſe* qu'on commençoit à connoître alors, qui font toujours valoir ces qualités, & donnent pour elles un intérêt, d'où vient principalement celui qu'on prend pour les ouvrages de l'art, comme pour les perſonnages qu'ils repréſentent.

La maxime *de réunir l'utile à l'agréable* dans toutes les productions de l'Art, y *faiſant ſentir les propriétés ſpécifiques de chaque corps*, *leur donnant* outre cela *toute la beauté particulière dont ils etoient capables*, mit dans la néceſſité de donner un *caractère propre à chaque individu*; car ce *caractère* dépend uniquement de la première de ces deux choſes; c'eſt lui qui, imprimant une marque diſtinctive à tous les êtres de la nature, les ſépare, pour ainſi dire, les uns des autres par leurs formes ſpéciales, comme ils le ſont par leur exiſtance réelle ou poſſible dans l'ordre des créatures.

Ce grande *principe* une fois adopté, dût néceſſairement faire diſparoître le *ſigne*, & l'éloigner abſolument des attitudes où il s'étoit maintenu juſqu'alors; car étant directement contraire à ce même principe, détruiſant toute idée de beauté par la contrainte à laquelle il aſſerviſſoit les figures, ils étoient incompatibles l'un avec l'autre, & pouvoient exiſter enſemble. C'eſt donc à cette époque qu'il faut attribuer la fin du *ſigne*, & la *réformation du ſtyle* dans la Sculpture & les Arts du deſſin.

Eloignés des *attitudes*, ce *signe* passa dans *l'action* des figures, avec laquelle il se confondit d'autant plus aisément, quand la règle du mouvement l'eut perfectionné, qu'il lui appartient naturellement; car l'*action* n'est elle-même que le *signe du sentiment* de qui elle dépend, comme l'effet dépend de la cause dont il est produit. Le *choix* de cette *action*, & son *accord* avec le *sentiment* ou *l'intention* qu'il doit exprimer, font la justesse, la vérité, la noblesse de *l'expression* à laquelle on n'atteignit pas d'abord, mais dont ces principes furent le germe qui, dans la suite, produisirent des chefs-d'œuvres en tous genres.

Dans ces circonstances de l'Art, le changement *d'idées* & de *style*, dût faire prendre un nouveau tour à son *génie* & à son *goût* : les *attitudes forcées* auxquelles le *signe* avoit dans le tems précédent astreint les figures, exigeant un dessin extrêmement prononcé, les yeux s'étoient accoutumés à cette manière outrée, & les esprits n'interprétoient les compositions que par son moyen : pour continuer à se faire entendre, les Artistes, habitués eux-mêmes à cette manière, ne purent la réformer dans un moment, leurs ouvrages continuèrent à être traités durement; & s'ils donnèrent à leurs figures des proportions plus belles & des attitudes plus naturelles, ils se crurent obligés, & le furent peut-être, pour satisfaire le peuple, de chercher dans l'*action*, ce qu'elle avoit de plus commun, de plus ordinaire, & de plus marqué, pour s'exprimer & se faire comprendre. Or, comme ces actions les plus ordinaires ou les plus marquées, sont justement celles qui conviennent le moins aux personnages les plus élevés au-dessus du commun des hommes, & sur-tout à des Héros & à des Dieux, l'expression résultante du choix de cette sorte d'action, se trouvant rarement d'accord avec l'état & le caractère de ces Héros & de ces Dieux, dût souvent produire des compositions singulières & bisarres. Tel seroit un discours, dont la matière & les pensées trèsſublimes écrites dans un langage trivial, s'énonceroient en termes trop vulgaires & trop familiers, ou bien un ſujet tragique dicté ou récité du ſtyle & du ton convenable à la Comédie.

Telle fut auſſi la maniére de Cléanthe & d'Arégonte de Corinthe, Peintres, dont les ouvrages exiſtoient encore ſous le règne d'Auguſte. Le premier avoit repréſenté dans le Temple de Diane *Aphionée*, près de l'Alphée, l'incendie de Troye; c'étoit le ſujet alors le plus nouveau, le plus fameux, celui qui occupoit tous les eſprits, comme on le voit par les poëmes d'Homere : cet Artiſte peignit encore un Tableau *conſacré* dans le même endroit. Démétrius, cité par Athénée, nous apprend que, dans ce Tableau de *dévotion*, Neptune offroit un *Thon* à *Jupiter*, *accouchant* de Minerve, comme c'étoit la coutume d'en offrir en préſent aux *nouvelles accouchées*. Pour exprimer la courſe nocturne de l'Aſtre des nuits auquel Diane préſidoit, Arégonte peignit cette Déeſſe montée ſur un *Gryphon*, comme ſur un *Cheval* dreſſé à ce voyage. Ramenés à la décence, par la baſſeſſe même de ces ſortes de compoſitions, les Poëtes, les Peintres & les Sculpteurs donnèrent dans la ſuite un char à Diane, comme ils en donnèrent un au Soleil; cet uſage ſubſiſtant déjà au tems d'Homere, comme on le voit par deux de ces Hymnes, il faut que cette peinture ait été faite avant lui.

Nous avons dans une *patère* de bronze un ſujet traité dans ce même ſtyle, c'eſt encore la naiſſance de Minerve; Vulcain d'un coup de hache ouvre la tête de Jupiter, & la Déeſſe ſort toute armée de ſon cerveau; la manière de rendre ces fables, antérieures de beaucoup au ſiècle dont je parle, fut ſans doute imaginée par les Poëtes & les Artiſtes qui vivoient alors; mais bientôt les fictions ingénieuſes d'Homere & d'Héſiode indiquèrent de meilleurs modèles à la poéſie comme aux beaux Arts.

Entre pluſieurs gravures antiques, dont la compoſition appartient

appartient à ce ſtyle ſingulier, on en trouve une très-remarquable. Elle repréſente Sémélée étendue morte devant Jupiter, qu'elle avoit obtenu de voir, malgré lui-même, dans tout l'éclat de ſa gloire. On a cru ſuffiſamment exprimer la majeſté de ce Dieu en répandant des foudres ſur le champ de la pierre, du reſte il eſt à genoux près du corps de ſa maitreſſe; par cette attitude, plus convenable à une femme eſclave qu'au plus puiſſant des Dieux, le Graveur a voulu marquer la douleur dont il le ſuppoſe pénétré; ſes bras ſont couchés le long de ſes côtés, ſes mains ſe relèvent & font un peu hauſſer ſes épaules, ce qui lui donne un air vraiment pitoyable. Cette *action* d'un très-bas comique, eſt encore en uſage parmi le peuple, & ſur les théâtres d'Italie, elle marque la ſurpriſe de quelque accident imprévu, & le peu de part qu'on prétend avoir à ce qui l'a cauſé. On ſent combien une telle *action* qui néanmoins rend ce que l'Artiſte a voulu dire, l'exprime cependant d'une manière peu convenable au ſujet, & le contraſte de cette expreſſion triviale avec le caractère de Jupiter, dans une occaſion où il devroit paroître dans toute l'élévation & la ſplendeur de ſa divinité. On a donné des aîles à ce Dieu, habillé d'ailleurs d'une tunique, circonſtance capable ſeule d'indiquer un très-ancien tems de l'Art.

Ces aîles, le ſtyle de la compoſition, celui de deſſin où la proportion eſt obſervée, concourent à montrer le tems, & peut-être le pays où cette pierre fut gravée. Car par la raiſon de cette proportion, elle doit avoir été travaillée après ſa découverte : par ſa compoſition & le ſtyle de ſon deſſin, elle appartient aux tems voiſins de l'arrivée des Grecs en Ionie; ces peuples commencèrent alors à prendre de la *Mythologie* des Syriens, la connoiſſance des Génies, & donnèrent, à leur imitation, des *aîles* à preſque tous les Dieux, dont cet attribut indiquoit la nature *aërienne*. Homere, né vers l'Ionie, en donne aux Parques, il en attache aux pieds de Minerve, comme à ceux de Mercure; Héfiode parle du Génie qui commanda les travaux d'Hercule; nous voyons encore fur des pierres gravées la Diane d'Ephèfe *aîlée*; (1) & la Diane Grecque étoit ainfi repréfentée fur le coffre de Cypfelus: fuivant une obfervation de Paufanias, *aucune ancienne ftatue de la Grèce ne repréfentoit Némefis aîlé;* mais; ajoute cet auteur, *j'en ai vu quelques-unes à Smyrne où elles font en grande vénération, & qui ont des aîles.* Les Grecs de l'Afie Mineure donnoient donc certainement des aîles aux Divinités auxquelles ceux de l'ancienne Grèce n'en donnoient pas, & comme aucun exemple ne prouve que les Etrufques en aient jamais donné à Jupiter; cela me fait croire que celui-ci fut gravé dans l'Ionie, dont Smyrne étoit une des Villes principales.

Les fils d'Aloeüs ne connurent que trois Mufes, comme nous l'avons dit ailleurs; mais felon Varron, cité par S. Auguftin, les habitans d'une ville qu'on croyoit être Sicyone, voulant avoir les ftatues de ces Déeffes, les firent fculpter par trois Artiftes différens, afin de pouvoir choifir celles qui leur paroîtroient les meilleures; leurs ouvrages s'étant trouvés également beaux, on les confacra dans le même temple, & l'on eut le nombre de neuf ftatues, d'où vint dans la fuite celui des neuf Mufes. Piérus leur ayant affigné des noms, il doit avoir vêcu vers le tems de ces trois fculpteurs inconnus. Ils ne peuvent être, comme le dit M. l'Abbé Banier, Cephifodore, Strongylion & Olympiodore, puifque Strongylion travailla plufieurs fiècles après Homere, qui parle fouvent des Mufes, dont Héfiode, fon contemporain, nous a confervé les noms. Ainfi Piérus & les Sculpteurs de ces ftatues, exiftoient affurément quelque tems avant ces deux Poëtes, qui vêcurent environ 168 ans après la guerre de Troye, mais ne fleuri-

(1) Mufeum de Florence de David.

rent que vers le commencement du troisième siècle après cette époque. Il paroît donc que les Grecs avoient dès-lors quatre Ecoles de Sculpture, celle d'Egine, celles d'Athènes & de Crète, fondées par Dédale, enfin celle de Sycione, qui devint très fameuse dans la suite.

Progrès des Arts depuis le tems d'Homere, jusqu'à la cinquantième Olympiade.

FOIBLES dans leurs commencemens, incertaines sur les principes qu'elles devoient suivre, la Poésie & la Sculpture se proposant un même objet, s'étoient d'abord accompagnées dans leur marche, & sembloient n'avoir eu qu'un même génie : l'*exagération* employée par l'une & l'autre, donnant à la Poésie des beautés qu'elle n'eut pas eu sans elle, la rendoit par-là même plus intéressante ; aulieu qu'en défigurant les ouvrages de la Sculpture, & les privant de la ressemblance qu'ils devoient avoir à la nature, elle leur ôtoit la plus grande partie de l'intérêt qu'ils pouvoient donner.

Pour rendre les faits sensibles & les caractères plus marqués, la Poésie dans ses fables en altéroit quelquefois la vraisemblance, mais les peignoit ensuite avec les couleurs de la vérité, & donnoit à des êtres imaginaires un coloris si flatteur, qu'ils sembloient pris dans l'ordre de la nature. Asservie au signe dont elle s'aidoit pour se faire entendre, la Sculpture, pour rendre les mêmes faits & les mêmes caractères, contrainte de changer ou d'altérer les formes propres des choses, presque toujours forcées de représenter à la fois des faits & des êtres imaginaires, s'écarta souvent de ses véritables modeles, & mit plusieurs siècles avant de parvenir au dégré de supériorité que la Poésie acquit sur elle dans un assez court espace de tems. Cinq cens soixante-deux ans s'écoulèrent entre Homere

& Phydias ; dont les Grecs purent comparer les Statues aux sublimes Peintures de ce grand Poëte. Depuis lui, aulieu d'être la compagne, la Poésie semble avoir été le guide de la Sculpture, & lui avoir enseigné la route qu'elle devoit suivre, pour faire sur les esprits l'impression qu'elle-même y faisoit.

Homere parle peu des Statues & des Peintures existantes de son tems, en assez grand nombre ; le style de ces ouvrages s'éloignoit de la vérité, dont il les croyoit susceptibles, pour mériter de lui une attention particulière. Se proposant de faire dans le bouclier d'Achille la description d'un chef-d'œuvre, dont le travail étoit supposé de la main d'un Dieu, il réussit à le distinguer des ouvrages faits par les hommes, en montrant à ceux de son siècle, non des peintures telles qu'on les faisoit alors, mais telles qu'on eut dû les faire ; par ce moyen ingénieux, il nous apprend, sans choquer la vraisemblance, & sans donner une idée fausse de la capacité de l'Art, ce qu'il étoit dans son tems, & ce que dès-lors il pouvoit devenir.

Ce Bouclier est peut-être le plus singulier monument de l'intelligence des Anciens, & comme à la faveur de ceux qui nous restent, de ceux dont les Auteurs ont parlé, enfin de ces recherches sur l'esprit des Arts, je m'efforce de reconnoître, à travers les ténèbres de l'antiquité, les pas qu'ils firent dans ces tems éloignés : ainsi, guidé par la sublimité de son génie, Homere, sans presqu'aucun secours, vit dans l'obscurité de l'avenir, & prophétisa, pour ainsi dire, les grandes choses exécutées par les Arts, plusieurs siècles après lui, quand ils eurent acquis toutes les forces dont il les jugeoit capables.

En se rappellant ce qu'on a lu jusqu'à présent dans cet ouvrage, on voit qu'au tems d'Homere, la Sculpture étoit parvenue à connoître le dessin, le mouvement, la sorte d'expression à donner par le moyen des attitudes ; elle commençoit à rechercher les proportions, & mettoit depuis très-long-tems encore plus d'esprit que de sagesse dans ses compositions ; les principes en étoient tirés , non des ressources que l'Art pouvoit trouver en lui-même , mais des moyens de conventions établis par l'habitude entre ceux qui voyoient , & ceux qui faisoient des statues ou des peintures , faute de règles propres à déterminer *la mesure précise du mouvement* ; ne pouvant encore rendre toutes les nuances des passions & des affections de l'ame , on cherchoit sans choix dans les gestes & les actions les plus connues , les moyens de s'exprimer. Les Artistes commençoient néanmoins à comprendre la nécessité de donner à chaque chose un caractère distinctif , & de s'appliquer à rendre leurs ouvrages agréables par la précision des mesures ; mais quoique cette étude dut nécessairement les conduire dans la suite à la *beauté* , ils ne pouvoient avoir alors presqu'aucune notion de celle qu'on appelle *Idéale* ; car elle dépend principalement de la combinaison , des formes & de la justesse des proportions ; car on n'avoit jamais pensé à l'élégance des unes , & les autres étoient encore peu connues ; de cette combinaison accordée avec l'expression , devoit cependant résulter le sublime de l'Art , que la lecture d'Homere & l'envie de rendre les images dont les poésies sont remplies , fit connoître aux Artistes Grecs.

Ce grand Poëte s'exprime sur toutes ces choses , comme si elles eussent été connues au tems où il écrivoit ; il parle clairement de l'expression , du caractère , de la beauté idéale , & même de ses espèces , on diroit en lisant la description du bouclier d'Achille , qu'il les a vues employées dans les ouvrages de l'Art. Cette Description & ces Poésies , certainement étudiées par tous les grands Sculpteurs de l'Antiquité , ayant assurément servies aux progrès des Arts de la Grèce , appartient à leur histoire. En la traduisant , j'aurai attention d'en conserver , autant que je le pourrai , les images intéressantes ,

& je penſerai moins à faire une traduction élégante, qu'à faire connoître le ſens des paroles d'Homere par rapport à l'Art. Celle-ci ſera pour les ſeuls Artiſtes.

A la priere de Thétis, Vulcain promet de lui forger des armes, encore plus belles que ne l'étoient celles d'Achille, dont Hercule a dépouillé Patrocle en lui ôtanr la vie.

Il quitte la Déeſſe, « court à ſes ſoufflets, les tourne con- » tre le feu, leur ordonne de travailler; il y en avoit vingt, » qui tous reſpiroient dans les fourneaux, & s'enfloient pour » donner l'air à tous les degrés néceſſaires au travail, tantôt » preſſant, tantôt arrêtant celui qu'il employoit, ſelon que » Vulcain vouloit accélérer ou retarder ſon ouvrage, il met en » fonte ſur le feu du cuivre pur, de l'étain, de l'or précieux, » de l'argent : il dreſſe enſuite ſur ſon pied une groſſe enclume, » d'une main il prend un peſant marteau, & de l'autre ſa te- » naille ».

« Il fit d'abord un bouclier vaſte & ſolide. y répandant de » toutes parts des ornemens différents ». *L'expreſſion d'Homere eſt très-remarquable, par-tout des figures à la manière de Dédale.* » Il l'entoura d'un orbe brillant & poli, diviſé en trois par- » ties ». *Le Poëte entend évidemment par ces trois parties, trois diviſions ou Zones concentriques, ſur leſquelles devoient être gravées circulairement les bas-reliefs qu'il va décrire; elles étoient, elles-mêmes, environnées d'une quatrième qui repréſentoit l'Océan, comme on le verra bientôt, ce qui, avec l'orbe du centre, partageoit tout l'ouvrage en cinq eſpaces différens.* « A cet orbe étoit attachée une lanière d'argent. « *Les boucliers des tems du ſiége de Troye, ne ſe tenoient pas ſeulement par des braſſières, à travers leſquelles on paſſoit l'avant-bras, & qu'on retenoit de la main gauche, mais on les ſuſpendoit encore au col par une courroie, pour laiſſer libre l'uſage des deux mains; telle étoit la courroie d'argent dont Homere parle ici.* « Sur ce bouclier formé de cinq plis redoublés, il

» grava d'une main ſavante beaucoup de figures, pareilles à » celles que Dédale fit autrefois. » *En faiſant cette deſcription, Homere ſe rappelloit les ouvrages de Dédale & le bas-relief qu'il avoit fait à Gnoſſe, c'eſt le dernier de tous ceux-ci; il paroît avoir donné l'idée des autres, au centre deſquels il ſe trouve placé.* « Il y repréſenta la Terre, le Ciel, la Mer, le Soleil infatigable dans ſa courſe, & la Lune dans ſon plein; il y plaça » tous les aſtres, ornemens de la voûte céleſte qu'ils couronnent. Les Pleïades, les Hyades, le puiſſant Orion, & l'Ours » que le vulgaire appelle le Chariot; elle ſe meut du même » côté qu'Orion, & ſemble l'obſerver. Seule de toutes les » conſtellations, elle n'eſt pas contrainte de ſe baigner dans » les eaux de l'Océan ». *Par la poſition & l'action d'Orion & de l'Ourſe, il ſemble qu'au tems d'Homere on repréſentoit les conſtellations par des figures, comme on le fait encore aujourd'hui ſur les globes céleſtes.*

Voici les Bas-reliefs diſpoſés ſur les deux Orbes, & la ſuperficie du cercle qui formoit le centre du Bouclier. ». Il y fit deux villes belles » & bien policées ». *Pour rendre plus ſenſible l'idée de l'expreſſion que la Sculpture peut donner; & pour montrer qu'elle doit faire voir & entendre ce que diſent les êtres animés qu'elle repréſente; comme s'ils étoient préſens, s'ils agiſſoient & s'ils parloient réellement; Homere dit toujours, ils ſe meuvent, on les voit, on les entend, ils rendent des ſons articulés; c'eſt la plus haute idée que l'on puiſſe jamais concevoir de la force que l'Art peut donner* à l'expreſſion; *on verra par les mouvemens mêmes qu'il ſçut la lui donner dans la ſuite.* » Dans l'une on célébroit des nôces; » & l'on faiſoit des feſtins ſolemnels aux cris répétés d'Hy- » menée : à la lumière des flambeaux, les nouvelles épou- » ſes étoient conduites de leurs maiſons à travers la ville; » des jeunes gens dans la fleur de l'âge, danſoient autour » d'elles; l'air retentit du ſon des flûtes & des lyres qui

» les accompagnent. Debout dans le veſtibule de leurs mai» ſons, les femmes admirent & prennent part à la fête ». *Jamais on n'a raſſemblé un plus grand nombre de circonſtances agréables, mieux réuni les choſes propres à* caractériſer *une cérémonie particulière, de manière à la diſtinguer de toute autre, & mieux obſervé le coſtume ; tout eſt en action dans ce Bas-relief, c'eſt un véritable tableau, impoſſible à rendre avec des couleurs correſpondantes à celles qu'Homere employe, & qui manquent à toutes nos langues modernes.*

Second Bas-relief. « Le Peuple affluoit dans le Marché ». *Les Anciens rendoient la juſtice dans les places publiques ; Homere commence par déterminer le lieu de la ſcène, comme par la ſuite il va déterminer l'action ;* « car une diſpute s'y étoit élevée ; deux » hommes plaidoient pour une amende, au ſujet d'un troi» ſième qui avoit été tué » ; *voilà le ſujet de l'action ;* « l'un en » préſence du peuple, affirmoit avoir tout payé, l'autre nioit » avoir rien reçu ; ayant produit leurs témoins, ils déſiroient » d'arriver à la déciſion de ce procès ; les Citoyens partagés » applaudiſſoient aux deux parties, chacune avoit ſes partiſans ; » cependant les Hérauts, « *c'étoient des Huiſſiers publics, des Meſſagers d'Etat,* « appaiſoient le peuple ; les plus âgés aſſis ſur » des pierres blanches, formoient un cercle reſpectable ». *Homere dit ſacré, ſaint, pour montrer que ceux qui compoſoient ce cercle étoient les interprètes des loix regardées comme des choſes ſacrées. Ce ſujet eſt double, car on trouve ici une nouvelle action ; pour en diſtinguer les parties, les Anciens interpoſoient ordinairement outre les figures, quelque corps deſtiné à partager la ſcène, & à faire, pour ainſi dire, deux tableaux d'un ſeul. Dans les deſſins exécutés ſur leurs vaſes, un vaſe même ou bien un panier, formoit le plus ſouvent cette diviſion : dans leurs Bas-reliefs, ils retournoient les figures ; on voit des exemples de l'une & de l'autre de ces pratiques, dans les différentes peintures de cet ouvrage ; cet*

cet exemple est confirmé par ceux que l'on trouve sur une très-grande quantité de monumens antiques ; entr'autres, sur l'urne d'Alexandre Sévère, & de Julien Mammea, au Capitole, & sur la grande coupe de marbre de M. le Cardinal Alexandre Albani, où sont représentés les travaux d'Hercule.

Troisième Bas-relief. « Ils prenoient les sceptres des Hérauts », *qui remplissent l'air du son éclatant de leurs voix*, « se levoient » avec eux, & prononçoient l'un après l'autre leur sentence : » deux talens d'or placés au milieu de l'assemblée, devoient être » donnés à celui dont le jugement seroit le plus équitable ».

Quatrième Bas-relief. « Mais l'autre Ville étoit assiégée par » deux peuples, leurs armées brilloient de l'éclat de leurs ar- » mes ». *Homere marque ordinairement cette circonstance, pour faire entendre que ces armes étoient en bon ordre, bien aguerries, & ne manquoient de rien de ce qui importoit à la manière de faire la guerre dans ces tems-là, où l'on ignoroit cette discipline, au moyen de laquelle souvent on supplée à la force, au courage du soldat, & quelquefois à l'intelligence de l'Officier & même du Général.* « Elles étoient partagées entre le dessein de détruire cette » agréable petite Ville, & celui de diviser entre elles son terri- » toire, avec toutes les richesses qu'il contenoit ; les assiégés » n'accordant pas encore ces conditions, s'armoient en secret » pour tenter quelque stratagême qui les en délivrât : les fem- » mes chéries de leurs maris, les petits enfans, mêlés à ceux » que la vieillesse rendoit incapables d'agir, étoient montés sur » le mur pour le garder ».

« Cependant les jeunes gens sont partis, Mars, Pallas, Mi- » nerve les conduisent » ; *c'est à mon gré une grande & noble idée que celle de mettre Mars qui représente la* force, *Pallas qui est la Déesse de la* valeur, *Minerve ou la* prudence, *à la tête de ceux qui marchent pour délivrer par leur* bravoure, *leur* courage *& leur* bonne conduite, *les femmes, les enfans, les vieillards*

& la Patrie. « L'un & l'autre étoient d'or, & l'or formoit le
» tissu de leurs vêtemens, couverts de leurs armes, grands,
» beaux, comme les Dieux le sont, tous deux étoient très-
» remarquables par-dessus toute la troupe; les peuples qui la
» composoient paroissoient plus humbles »; *c'est-à-dire, moins beaux, moins grands que les Dieux; ce sont les caractères, que dans les tems de sa plus grande perfection, l'Art parvint à donner aux Dieux. Phidias en sculptant la Minerve Lemnienne, qui passoit constamment pour son chef-d'œuvre, ne fit qu'exécuter l'idée qu'Homere en donne ici; que pouvoit-il de plus, que de la faire reconnoître à ses armes, à cette sorte de beauté majestueuse, qui n'appartient qu'aux Dieux, & les distingue des Héros & de tous les mortels? Homere fait clairement sentir cette distinction, & la différence de la beauté que peuvent avoir les hommes, mais qui est nécessairement l'attribut des Divinités; l'Art ne fit après lui, que chercher les moyens d'arriver à ces grandes & sublimes idées qui furent à mon gré, les semences d'où sortit tout ce que la Sculpture fit de plus parfait.*

Cinquième Bas-relief. « Arrivés à l'endroit qui leur semble
» propre à dresser une embuscade, (c'étoit près d'un fleuve,
» dont le gué servoit d'abreuvoir à tous les troupeaux), ils
» s'arrêtèrent sans quitter leurs armes faites d'airain bien poli;
» placés à quelque distance, deux des leurs observent le mo-
» ment où les moutons & les bœufs viendront à l'abreuvoir;
» ceux-ci s'avancent déjà, deux pasteurs à côté l'un de l'au-
» tre, marchent en jouant de la double flûte, car ils ne se
» doutent pas du piége qui les attend : à peine ils sont ap-
» perçus, que les assiégés accourent, s'emparent des trou-
» peaux de bœufs & de moutons, & tuent leurs conducteurs. »

Sixième Bas-relief. « Les assiégeans assis en conseil, enten-
» dant un grand bruit près des troupeaux, sautent incontinent
» sur leurs chevaux, arrivent à toutes jambes, attaquent

» l'ennemi qui les attend en bon ordre sur les bords du euve ; » ils combattent & se blessent réciproquement de leurs lances » d'airain. La Discorde & le Tumulte sont parmi les assaillans, » la mortelle Destinée saisissant un combattant vivant, mais » nouvellement blessé, en prend dans le même tems un autre » qui ne l'est pas encore. Du milieu de la mêlée, elle entraine » par les pieds un troisième déjà mort : le manteau dont ses » épaules sont couvertes, est tout dégoutant de sang humain, » ces Dieux agissent, combattent comme des guerriers, & re- » tirent les cadavres de ceux des leurs qui viennent de périr ».

L'action de ce Bas-relief ne peut être ni plus grande, ni mieux entendue; les troupes arrivent en désordre, Homere place au milieu d'elles la Discorde & le Tumulte, comme il a mis la Valeur & la Prudence à la tête du parti qui doit vaincre. La fatale Destinée est du parti des vaincus ; son action, l'habillement qu'elle porte le caractérisent, l'expression qui résulte de ces allégories ne peut être plus claire, le mouvement de ces Déités augmente celui du combat, & l'intérêt qu'il peut donner s'accroît de la part même qu'ils y prennent ; ce qui arrive bien rarement quand on employe ces sortes de figures.

Septième Bas-relief. « Il représente un vaste champ en ja- » chère, mais d'une terre meuble, fertile & bien entretenue ; » grand nombre de laboureurs retournent leurs charrues, & » travaillent çà & là ; arrivés à la fin du champ, un homme » venant à leur rencontre, leur met en main une coupe rem- » plie de vin agréable, chacun reprend son ouvrage, & s'em- » presse de retourner au terme du sillon profond qu'il doit tra- » cer ; par un effet admirable de l'Art, ce sillon paroît » noir du côté où il a été retourné, & bien que fait avec » l'or, il prend la couleur de la charrue du côté qu'elle l'a » versé ». *Il faut, comme je l'ai dit dès-lors, qu'on employât l'or à plusieurs teintes, ou que la peinture en tint la place, & fût appliquée sur le métal.*

Huitième Bas-relief. « Il y mit encore un champ séparé & » couvert d'une épaisse moisson, des travailleurs tiennent leurs » faucilles tranchantes, les épis tombent à poignée de leurs » mains, & s'arrangent en ligne droite sur la terre : d'autres » s'occupant à former les gerbes, les assujettissent par des liens ! » trois inspecteurs suivent ces derniers, ils pressent l'ouvrage, » des enfans ramassent près d'eux les tas d'épis qu'ils por- » tent dans leurs bras à l'endroit marqué ; assis sur un mon- » ceau de gerbes, parmi les moissonneurs, le Roi tenant son » sceptre, joyeux dans son cœur, examine tout en silence. » *Je sens bien que je sacrifie presque par-tout la traduction au desir de conserver les images peintes dans l'original ; rien ne me paroît ni plus noble, ni mieux imaginé, ni même plus auguste, que ce Roi assis sur un amas de gerbes, comme sur un Trône, d'où il considère avec satisfaction ses peuples recueillant avec allégresse, les richesses de la terre, & les fruits de leur travail. Il garde un silence majestueux, mais il paroît réjoui à la vue du bien public ; ce n'est pas la frivole gaité de l'esprit qui le rend satisfait, c'est le parfait contentement de son cœur qui lui fait garder le silence :* toutes les conditions de la vie, tous les âges sont *réunis dans ce tableau, où tout agit, tout se meut, tout contribue à la félicité commune.*

Neuvième Bas-relief. « Près de-là, les Hérauts préparent un » repas à l'ombre d'un vieux chêne, & apprêtent le bœuf » immolé aux Dieux, tandis que les femmes pétrissent des » farines, & font des gâteaux pour le souper des Moisson- » neurs.

Dixième Bas relief. « Il y fit avec l'or une vigne fertile, sur- » chargée de raisins, les grappes en étoient noires ; des échalats

» d'argent bien arrangés, en soutenoient les ceps; il l'en-» vironna d'un fossé de couleur bleue, & d'une haye faite » d'étain. On ne pouvoit y arriver que par le seul sentier par » où passoient les vendangeurs. A côté de jeunes filles, des » jeunes hommes encore dans cette fleur de l'adolescence où » l'ame s'ouvre à la tendresse, portent dans des paniers tissus » d'oziers, le doux fruit de la vigne; au milieu d'eux, un jeune » garçon fait retentir l'air mélodieux de sa lyre, sa voix ac-» compagne les cordes qu'il touche légérement, les vendan-» geurs frappant ensemble la terre de leurs pieds, répétent en » chantant & en sifflant, l'air qu'il vient d'exécuter ». *Cet accord de la voix avec les sons de la lyre que le poëte veut faire sentir dans ce Bas-relief, comme on a fait comprendre l'accord de la danse & du son des instrumens, dans quelques-unes des danseuses d'Herculanum, marque ici l'expression à donner dans les ouvrages de l'Art, & lui montre la voye qu'il doit tenir pour rendre des choses, que par sa nature il semble ne pouvoir jamais exécuter.*

Onzième Bas-relief. « Vulcain employa l'or & l'étain pour re-» présenter un troupeau de bœuf; ils mugissent en quittant leur » étable pour aller aux pâturages, c'étoit près d'un fleuve, » dont les eaux rapides couloient avec grand bruit le long de » ses rives abondantes en roseaux; des bouviers, dont les » figures étoient d'or, accompagnoient quatre bœufs plus tar-» difs que les autres, neuf chiens de prise les suivoient ».

Douzième Bas-relief. « Cependant deux lions terribles se jet-» tent sur le taureau qui marche à la tête du troupeau, il » pousse des profonds mugissemens, mais il est entraîné malgré » sa résistance & ses cris; les chiens & les plus jeunes pâtres » accourent pour le sauver ».

Treizième Bas-relief. « Les lions ayant déchiré la peau du » taureau, en mangeoient les entrailles, & buvoient le noir

« ſang qui ſortoit de ſon corps. Envain les bouviers les pour-
» ſuivoient, en excitant de la voix leurs chiens à les attaquer;
» retenus par la crainte qu'ils ont des lions, ils refuſent de
» mordre, s'en approchent en aboyant, mais cherchent à les
» éviter ».

Quatorzième Bas-relief. « Vulcain y plaça dans une agréable
» vallée un grand pâturage, où l'on voyoit des brebis blanches,
» des étables, des cabanes, & des abris pour garantir le bétail ».

Quinzième Bas-relief. « Il y repréſenta, en diverſes couleurs,
» un chœur de danſes, pareil à celui que Dédale prépara dans
» l'opulenre Gnoſſe, pour la belle Ariane. Des jeunes *Gar-
» çons*, des filles charmantes, encore *Vierges*, couronnées de
» fleurs, danſoient en ſe tenant alternativement par la main;
» elles étoient vêtues de robbes de lin très-fin; les tuniques
» des premiers ſont d'une étoffe bien tiſſue, & légèrement
» paſſée à l'huile; leurs *épées d'or* pendent à des ceinturons
» d'argent; ils s'eſſayaient d'un pied ſavant, & tournent avec
» beaucoup de légèreré; tel le Potier aſſis, faiſant faire quel-
» ques tours à la roue qu'il adapte à ſa main, éprouve ſi rien
» n'en gêne le mouvement ».

Seizième Bas-relief. » Quelquefois ils retournent ſur eux-
» mêmes, & s'entrelacent les uns dans les autres, la foule aſ-
» ſemblée autour d'eux, regarde avec plaiſir cette belle danſe;
» placés dans le milieu, deux danſeurs choiſis commencent en
» ſautant le chant qui doit en régler la meſure ».

Dix-ſeptième Bas-relief. « Il y grava l'immenſe Océan, dont
» les flots enveloppoient le dernier orbe de ce bouclier, ſi
» ſavamment travaillé. Après l'avoir terminé, il fit une cui-
» raſſe plus reſplendiſſante que la lumière du feu; il fit auſſi
» un caſque très-ſolide qui s'ajuſtoit exactement ſur les tempes,
» il étoit magnifique, & couvert de *beaux* ornemens *Dai-
» dalique*, dit Homere, *par où l'on voit que des figures en*

composoient les ornemens ; telles sont ceux des casques découverts, il y a quelques années, dans le quartier militaire de Pompeïa ; on y voit en bas-relief relevé d'argent, quelques actions de la guerre de Troye. « Il le surmonta d'un panache doré, & » fit des bottines d'un étain ductile, &c. » *On voit Achille mettant cette partie de son armure dans des pierres gravées, dont nous avons parlé plus haut.*

Par cette description singulière, Homere indique moins ce que la Sculpture faisoit de son tems, que ce qu'elle promettoit de faire, & ce qu'un Artiste, tel que lui, pouvoit attendre d'elle. Il lui donnoit à la fois des avis & des exemples dont elle sçut profiter; car on ne peut douter que ses poëmes n'ayent influé presqu'également sur les Arts & le goût, non-seulement du siècle où il vêcut, mais même de ceux qui le suivirent; cette idée qui peut faire sentir l'esprit de la Sculpture dans des tems postérieurs, demande d'être développée.

Les poésies faites au sujet de la guerre de Troye, pendant les deux siècles qui la suivirent, furent d'autant plus recherchées des Grecs, que dans ces tems où l'on n'écrivoit pas encore l'histoire en prose, elles étoient, avec les monumens de la Sculpture, de la Peinture, de la Gravure & les Inscriptions, qui même n'étoient pas encore perfectionnées, les seuls moyens que l'on eut, pour conserver la mémoire de ces événemens intéressans pour toutes les principales familles de la Grèce. Quelquefois inégales, presque toujours pleines de feu, souvent sublimes, les poésies d'Homere obtinrent bientôt la préférence sur toutes les autres, & firent oublier celles que l'on avoit écrites avant lui; ses rapsodies, alors divisées & faciles à acquérir, furent connues de tout le monde; on les chantoit dans les rues, dans les places publiques, dans les maisons particulières; c'étoient presque les seuls livres d'Histoires, de Philosophie, de Géographie, de Mythologie alors connus :

les Sculpteurs, les Peintres y trouvoient des modèles, & le peuple jugea des repréſentations des ſujets exécutés d'après eux, par les peintures que les Poëmes d'Homere, qu'on ſavoit par cœur, en avoient faites.

Dès-lors les Artiſtes furent obligés de deſſiner leurs figures d'après celles de l'Iliade & de l'Odyſſée, l'on ne donna plus de caſque à Jupiter & à Apollon, comme nous avons vu qu'on l'avoit fait dans le Jupiter ſculpté ſous le règne d'Oxilus, & dans l'Apollon d'Amiele; d'après lui, on figura Minerve avec l'Egyde; enfin l'on s'attacha à repréſenter les Dieux, beaux, grands & majeſtueux, tels qu'il les dépeint toujours. Le mélange des différens métaux employés dans le bouclier d'Achile, paroît avoir donné l'idée de les employer dans la ſtatuaire; car on fit depuis des ouvrages où l'on allia le marbre, l'or, l'ivoire, les bois, le bronze, & même la peinture; tels furent la ſtatue de la Minerve d'Egyre, dont le viſage, les mains & les pieds étoient d'ivoire, tandis que le reſte du corps étoit de bois doré & peint de diverſes couleurs; telles furent encore les Graces du Temple d'Elis, dont le corps étoit de bois, & les membres étoient en marbre.

Si la lecture des ouvrages d'Homere influe ſur la manière de repréſenter les Dieux, & ſur la matière qu'on employa dans leurs ſtatues, elle n'influe pas moins ſur les idées que l'on conçut d'eux, & cette lecture fixa chez les Grecs non-ſeulement le ſtyle poëtique, mais encore ce que nous avons appellé la Poéſie de l'Art. Homere avoit peint la Mort comme la compagne du Sommeil, ce qui les fit repréſenter avec les pieds contrefaits entre les bras de la Nuit; d'après lui, l'on plaça preſque toujours les Graces près de Vénus, pour montrer que la beauté même ne peut ſe ſéparer d'elles; quelquefois on mit l'Amour à côté des Graces, pour indiquer qu'elles le font naître; on le mit encore dans Egyre près de la Fortune, qui tenoit une

une corne d'abondance, pour faire entendre, au rapport de Pausanias, qu'en amour la fortune fait encore plus que la beauté ; l'on mit aussi le Dieu des richesses entre les bras de la fortune ou de la paix, pour indiquer que le bonheur ou le hasard les donnent quelquefois, mais qu'elles sont toujours le fruit de la paix & de la concorde.

Ces allusions ingénieuses en produisirent encore d'un autre genre. Les Doriens représentèrent leurs Bacchus *Psilas* avec des aîles à la tête, & parce que ce nom signifie dans leur Dialecte la pointe de l'aile d'un oiseau, ils les donnèrent à ce Dieu, pour montrer, dit encore Pausanias, que l'homme est emporté & soutenu par une pointe de vin, comme un oiseau l'est dans l'air ; on voit parmi les prétendus Platons, du Recueil des Souffres, une tête avec des aîles, très-reconnoissable pour être à la fois celle du Bacchus *Hébon* & du Bacchus Psilas. On fit des Minerves *Poliades*, ou protectrice des Villes, pour montrer que l'industrie & le courage les enrichissent & les défendent ; la même Déesse porta le titre de Gardienne des Cités, pour faire entendre qu'elles se conservent par la sagesse & la prudence. Les Artistes mirent un flambeau dans la main de la Lucine, qui présidoit aux accouchemens, pour montrer que les douleurs dont elle délivre, sont cuisantes comme le feu : lorsqu'ils voulurent représenter en même tems Diane & Lucine, ils donnèrent deux flambeaux à cette Déesse, indiquant par là qu'elle présidoit également à la Lune & aux Accouchemens ; ils firent Vénus la Noire, pour signifier que c'est ordinairement dans la nuit que l'on se livre à ses plaisirs. Vers l'embouchure de l'Ercine, on trouvoit la représentation de tous les fleuves en marbre blanc, le Nil seul y étoit en marbre noir, pour indiquer, soit qu'il traversoit l'Ethiopie, soit pour montrer que son origine étoit inconnue. Enfin l'on pourroit faire un livre très-curieux des idées que la Sculpture & la Peinture des Anciens puiserent dans les ouvrages d'Homere, & l'on feroit un recueil très-considérable, si l'on réunissoit tous les monumens qui existe encore, & auxquels ses Poëmes ont donné lieu.

Phorbas, cinquième Archonte d'Athènes, vêcut dans le tems de la vieillesse d'Homere; il gouverna, suivant Eusebe, pendant trente & une années, & finit sa magistrature deux cens soixante-dix ans après la ruine de Troye. Sous cet Archonte, les Mégariens construisirent un Trésor dans Olympie; on y voyoit encore, quand Pausanias voyageoit en Grèce, plusieurs petites statues de bois de cèdre, *ornées de fleurs d'or*. Ces statues représentoient Hercule combattant contre le Fleuve Achélous, en présence de Jupiter & de Déjanire; Mars assistoit Achélous, & Minerve protégeoit Hercule selon sa coutume : ce grouppe étoit manifestement composé dans le goût de ceux d'Homere & d'Hésiode, ainsi que le bas-relief placé sur le fronton de ce Trésor, où l'on voyoit la guerre des Titans & des Dieux. Le même sujet se trouve représenté dans le cabinet du Roi de Naples, sur un beau Camée gravé par Athenion, deux Titans y sont dessinés avec des jambes de serpens; ce qui porteroit à croire que le fond de la composition de l'ancien bas-relief d'Olympie, pourroit se retrouver dans cette belle pierre.

La recherche employée dans les petites statues du trésor des Mégariens, les fleurs d'or dont elles étoient parsemées, semblent décéler le style des tems où elles furent exécutées par Dontas de Lacédémone, l'extrême poli & la sorte de travail des pierres travaillées, lorsque le style *outré* étoit encore en usage, montrent que dès-lors les Artistes pensoient à se distinguer en donnant à leurs ouvrages cette sorte de perfection, plus capable de conduire à la sécheresse qu'à la beauté; & comme celle-ci est bien plus facile à représenter par des épithètes que par l'assemblage & la forme des traits, au moyen desquels seuls on peut la caractériser, dans l'impuissance où l'on se trouvoit d'exprimer, à l'exemple d'Homere, la *beauté* des Héros & des Dieux, on voulut par le grand *fini*, le *précieux* & la *richesse* des ouvrages, donner l'idée du beau qu'on ne pouvoit représenter autrement; ainsi ce nouveau *style* se trouva formé de celui qui s'introduisit dans la *composition* devenue plus noble par l'imitation des peintures d'Homere, & de la *manière minutieuse* employée dès les tem précédens, dans l'exécution & le détail des figures. Cette manière dût être applaudie par le peuple, admirateur né de ce qui lui paroît rare ou difficile à exécuter, & qui confond aisément les idées de magnificence & de beauté.

Cette marche nécessaire, quoique peu réfléchie, est si naturelle, qu'elle devint celle des Arts de presque tous les peuples; ce fut en effet par l'idée du précieux, que les Artistes de toutes les nations commencèrent leurs recherches sur la beauté. Quand les Italiens se débarrassèrent de la manière Gothique, ils s'efforcèrent par le grand fini, la délicatesse de leurs ouvrages de Peinture & de Sculpture, & par l'or également employé dans les uns comme dans les autres, à donner pour eux une sorte d'estime, qu'ils ne pouvoient encore s'attirer par la noblesse des caractères & la beauté de leurs figures. Cette manière dura jusqu'au tems de Michel-Ange & de Raphaël.

Le goût de recherche & de minutieuse élégance, employé dans les ouvrages de Dontas, avec l'époque du tems où il vécut, déterminée par l'Archontat de Phorbas, nous font reconnoître le siècle où travaillèrent avec lui Doryclidas, Médon son frère, Théoclès, fils d'Egyle, tous trois nés à Lacédémone, & supposés par Pausanias, disciples de Dipœne & de Scyllis, comme Dontas, Tecteus & Angélion, dont nous parlerons dans la suite. Théoclès exécuta pour le fils d'Autonomus, un Atlas ſoutenant le globe, Hercule avec le ſerpent gardien des pommes d'or, & cinq Heſpérides, comme celles dont nous avons déjà parlé ; ces ſtatues étoient en bois de cédre, & les cinq dernières étoient ornées d'or & d'ivoire. Médon ſculpta la figure de Minerve ; Emile d'Egine fut aſſurément contemporain de ces Artiſtes, car il repréſenta les Heures aſſiſes ſur des trônes, pour accompagner la ſtatue de Thémis, leur mère, dont la figure étoit de Doryclidas : tous ces morceaux & quelques autres, parmi leſquels une Victoire aîlée évidemment du même tems, placée dans le Temple de Junon à Olympie, étoient d'or & d'ivoire, & ſuivant Pauſanias, d'un *goût fort ancien*, convenables encore en cela au ſtyle du ſiècle où je crois devoir les rapporter ; c'eſt-à-dire, vers la fin de celui qui précéda la première Olympiade.

Dans le même Chapitre où Pauſanias fait mention des Statues précédentes, il en diſtingue le ſtyle de celui des Statues de Jupiter & de Junon, qu'il avoit vue dans le même endroit ; le goût des unes & des autres *lui paroiſſoit*, dit-il, *fort ancien*, mais celui des deux dernières étoit *fort groſſier ;* cet auteur nous montre par-là combien l'Art étoit avancé depuis le règne d'Oxilus, où furent exécutés ce Jupiter & cette Junon, juſqu'au tems dans lequel furent faites les ſtatues de Dontas, de Théoclès, de Doriclydas, de Médon & d'Emile d'Egine, car elles n'avoient plus cette groſſiéreté qui caractériſoit les ouvrages faits deux cens ans avant eux. L'Art, comme le démontrent ces diverſes circonſtances, étoit arrivé en Grèce cent ans avant la première Olympiade ; au moins au point où il parvint chez nous, vers le milieu du quatorzième ſiècle, dans le tems que Taddeo-Gaddi, Simon-Memmi, Antoine, ſurnommé *le Venitien*, & Michel Orcagna, travaillèrent en Italie.

Contemporain d'Iphitus & de Lycurgue, Phydon d'Argos, qui vêcut avec Diognete, ſixième Archonte d'Athènes, frappa dans Egine les premières monnoies d'argent : l'ufage de ces monnoies & l'abus qu'on en put faire, s'introduifirent dans le refte de la Grèce, même avant le tems où Lycurgue donna fes loix à Sparte, puifque ce Légiflateur crut devoir en bannir les efpèces d'or & d'argent, & n'y laiffer que celles de fer : ainfi les plus anciennes médailles Athéniennes d'argent, ne purent être frappées que dans les dix années antérieures à celle où Lycurgue publia fes inftitutions, car l'Archontat de Diognete tomba précifément dix ans avant la réformation des loix de Lacédémone, qui, felon Eratofthène, fuivi par Clément d'Alexandrie, fe fit cent huit années avant l'Olympiade de Corœbe, dans celle-même où les Jeux Olympiques furent reftitués par Iphitus.

Le ftyle du deffin de la tête de Pallas, gravée fur ces monnoies d'Athènes, eft très-remarquable, en ce qu'il nous indique précifément celui du tems dont il s'agit ici, & nous fert à reconnoître les monumens qui lui appartiennent ; les yeux de cette tête font tirés en long, comme ceux des figures gravées ou peintes dans les fiècles antérieurs à celui dont nous parlons, les angles de la bouche en font relevés, & le menton trop pointu, manque de cette rondeur néceffaire à la beauté, éloignée d'ailleurs par la forme des traits qu'on vient de décrire. M. Winckelmann compare avec raifon ces têtes de Pallas à celles des Proferpines, empreintes fur les plus anciennes médailles Syracufaines, & certainement copiées d'après la ftatue de cette Déeffe, révéré dans l'Ifle d'Ortygie & fes environs, long-tems avant l'établiffement des Colonies Grecques à Syracufe ; cette ftatue fut affurément faite vers le tems même où les Athéniens gravèrent ces têtes de Minerve. Dans l'une de ces médailles Syracufaines, le dernier *Omicron* de la légende eft de figure quarrée ; les cheveux formés par une forte de *Grainetis* très-recherchés, partent du fommet de la tête en lignes divergentes, & ſont rattachées par un Diadème ou Chapelet de perle, ſous lequel paſſent des boucles élevées les unes ſur les autres, dans toute l'étendue du fond, & pendantes ſur les tempes, de manière à laiſſer voir l'oreille de la figure. Ce goût de deſſin, cet ajuſtement de cheveux, le détail employé dans cette partie, ſe retrouvant exactement dans la ſculpture d'un buſte de bronze découvert à Herculanum (1), nous indique un monument du tems même où fut exécutée la ſtatue originale, dont ſut copié la tête gravée ſur cette médaille.

Comme les cheveux de la Proſerpine de Syracuſe, ceux de ces buſtes partent du ſommet de la tête comme d'un centre commun, & vont en divergeant par des lignes égales, vers les parties inférieures, où ils ſont retenus par une treſſe en forme de Diadème; ſous cette treſſe, paſſent pluſieurs rangs de boucles méthodiquement arrangées les unes ſur les autres, ſuivant la mode du tems où furent exécutés ces monumens; ne pouvant rendre les boucles de cette friſure par des maſſes, l'Artiſte s'eſt ſervi de fils de laiton tortillés en ſpirale, comme la vis d'un tire-bouchon, pour les marquer une à une. Les poils des ſourcils, impoſſibles à rendre par ce moyen, ſont indiqués par une ligne épaiſſe & ſaillante; enfin la diverſité de la peau du viſage & des lèvres eſt ſcrupuleuſement rendu par une ligne qui, diviſant l'une de l'autre, montre qu'on eut voulu en exprimer la couleur & la nature. L'eſprit du Sculpteur, épuiſé dans ces détails, n'a pu ſe faire ſentir dans le tout, qui paroiſſant n'avoir aucune ſorte de mouvement, eſt par-là même compoſé dans un ſtyle entiérement oppoſé au ſtyle outré des tems précédens, qu'on ſemble avoir voulu éviter ici, en tombant dans l'excès contraire à celui qu'on fuyoit. L'extrême ſimplicité de cette tête a dû la rendre très-reſſemblante, les traits du viſage en ſont comptés, & par ſa ſingulière naïveté, elle fait douter ſi c'eſt

(1) Voyez le Tome VI Antiq. d'Hercul. par David.

un homme ou une femme qu'elle représente ; d'où l'on voit que l'art ignoroit qu'il ne doit pas chercher à rendre toutes les parties, car il y en a qui, très-vraies dans les détails & prises à partie, ne laissent pas de produire un ensemble faux, en détruisant le caractère que, par elles, on voudroit donner, & détournant l'attention qui ne doit se porter que sur le tout, ou du moins sur les parties principales.

Les ouvrages d'Homere n'influèrent pas moins sur l'esprit & les mœurs, que sur les Arts & le Goût de la Grèce, les coutumes décrites par ce Poëte immortel se soutinrent long-tems au moyen de ses Poésies. Les louanges données à ses Héros pour leurs talents dans la *Gymnastique*, formèrent dans un peuple ambitieux de toute sorte de gloire, avec la passion des exercices de cet Art inconnu parmi nous, le goût de ces fêtes célébres où les particuliers pouvoient se signaler, en montrant l'habileté qu'ils y avoient acquise ; ainsi, lorsqu'environ cent trente-trois ans après la naissance d'Homere, Iphitus renouvella les Jeux Olympiques, il trouva tous les esprits disposés à y concourir.

Jamais institution ne fut plus propre que celle de ces Jeux, à faire naître l'émulation des peuples & des particuliers, elle contribua plus que toute autre chose à la perfection des Arts de la Grèce, & l'on peut observer, qu'à mesure que les autres Nations eurent des institutions plus ou moins approchantes de celle-là, les Arts furent plus ou moins florissants parmi elles. C'est, sans doute, à la restitution de ces Jeux qu'il faut attribuer les grands progrès de la Sculpture & de la Peinture. Dans les cent quarante ans qui s'écoulèrent depuis Iphitus, jusqu'au tems où vécurent le Peintre Elotas & le Sculpteur Gitidias de Lacédémone, dont les ouvrages, disent Pline & Pausanias, étoient déjà d'une très-grande beauté ; il nous reste heureurement des monumens, jusqu'à présent inconnus, au moyen desquels on peut voir la suite de ces progrès.

J'ai vu à Rome deux Minerves en marbre, exactement ſemblables ; l'une appartient à M. le Cardinal Alexandre Albani, les pieds & les bras en ſont détruits, mais le devant de la tête reſte encore attaché au torſe. Cette ſtatue fut autrefois armée d'un caſque de bronze, ſa pique & ſon bouclier étoient ſans doute du même métail ; l'action en eſt très-ſimple, l'attitude fort juſte, & les proportions exactes : le col en eſt cependant trop gros pour celui d'une *Vierge*, la taille manque de cette légéreté employée dans la ſuite par les Grecs, pour caractériſer cette qualité toujours diſtinctive de Minerve ; on a donné à la phyſionomie de cette Déeſſe un âge un peu avancé, ſans doute pour marquer la *Prudence* & la *Sageſſe* dont elle étoit la Divinité. L'Artiſte manquant de moyens pour la caractériſer à la fois comme Vierge, comme Sage & comme Prudente, s'eſt contenté de rechercher le caractère des qualités les plus faciles à rendre.

Les cheveux de cette figure prennent ſur ſon front un mouvement d'ondulation, & deſcendent quarrément juſques ſur les épaules ; traités minutieuſement, ils ſemblent comptés un à un ; l'Egide placée ſur le ſein de la Déeſſe, eſt rendue dans le même goût, & c'eſt pour exprimer les boucles données à cet Egide par Homere, que les ſerpens de ſes extrémités ſe repliant les uns ſur les autres, forment des eſpèces de boucles ou d'agraffes, dont le travail reſſemble à celui des cheveux arrangés ſur la tête du buſte d'Herculanum, décrit précédemment.

Rien d'*idéal* n'entre dans le viſage de cette figure ; la nature y paroît ſervilement copiée ſur un modèle, choiſi, ſans doute, ſuivant le goût qu'on avoit de la beauté au tems où ce morceau fut exécuté ; le feu de l'Artiſte partagé dans tous ces petits détails, ne laiſſe voir que le génie de ſon ſiècle. Comme dans la Minerve des monnoies Athéniennes en argent, les yeux de celle-ci ſont allongés ; par une ſingularité remarquable, & je crois

crois, pour exprimer les yeux *pers* qu'Homere lui donne toujours, ceux de cette ſtatue ſont placés dans un plan oblique, par rapport à celui des autres parties du viſage, les angles de la bouche ſont très-peu relevés, & le menton en eſt encore trop pointu, quoique l'ovale de la tête dont il forme l'extrémité, ne ſoit pas fort allongé. Ce ſtyle de deſſin, avec tant de rapports à celui de la Proſerpine des médailles Syracuſaines, & du bronze de Portici, étant néanmoins mieux entendu & plus hardi, montre un tems différent de l'Art, quoique peu diſtant de celui où furent frappées ces médailles. Ainſi cette ſtatue put être faite dans celui où l'on plaça dans la ſalle des feſtins publics nouvellement inſtitués à Lacédémone, les images de Jupiter & de Junon Hoſpitalière; c'eſt à-peu-près alors que l'on conſacra dans la même ville, une Minerve *Ophtalmitis*, à l'occaſion du coup de pierre qu'Alcander, mécontent des ſages réglemens de Lycurgue, donna à ce ſage Légiſlateur, qu'il faillit priver de la vue : ce morceau de Sculpture paroît donc exécuté ſoixante ou quatre-vingt ans avant la première Olympiade.

L'exactitude des proportions, la préciſion de l'attitude, le caractère même de cette ſtatue, font voir qu'au tems où elle fut faite, l'Art travailloit ſur des principes aſſurés qui, bientôt, devoient en accélérer les progrès, car pour le conduire à la perfection, il ne s'agiſſoit plus que d'ajouter l'élégance à la vérité des proportions, la nobleſſe à l'intelligence de l'action des figures, d'en ſupprimer les détails inutiles, pour n'y laiſſer que les détails néceſſaires à produire l'expreſſion, & à rendre des grands effets, de donner enfin au caractère, non-ſeulement la beauté, mais encore la ſorte de beauté convenable à l'état des perſonnages repréſentés. Cette dernière partie étant, ſans doute, la plus difficile, l'Art parvint plus lentement à l'acquérir; en voici, je crois, la raiſon.

Par l'inſpection des trois monumens que je vais décrire, &

dans lesquels on trouve une plus grande élégance de proportion, jointe à une action très-bien mesurée, on remarque néanmoins un même fond de physionomie, & des traits de visage à-peu-près semblables à ceux de la Minerve précédente; mais l'obliquité des yeux & celles des angles de la bouche, en est fort adoucie; il paroît donc que cette constitution de traits étoit prise alors pour ceux de la beauté *absolue*, dont cependant elle étoit encore bien éloignée; ainsi, travaillant sur des principes excellens pour l'action & les proportions, se proposant cependant un faux modèle de beauté, l'Art dut perfectionner plutôt les rapports des unes, & parvenir plus lentement à trouver ceux dont la comparaison constitue l'ensemble de l'autre.

On trouve dans la dernière chambre du *Museum* de Portici, une jolie Diane en marbre, dont les cheveux peints en jaune, se relèvent, autant qu'il m'en souvient, en boucles sur le front; elle est dans l'action de courir à la chasse, la taille en est élégante, & correspond à la grosseur du col qui est svelte, comme celui d'une Vierge; le visage de cette statue, quoiqu'évidemment formé sur les principes suivis dans la composition de celui de la Minerve de M. le Cardinal Albani, est néanmoins d'une beauté dont celle-ci manque entiérement. Cependant les yeux en sont allongés, la bouche un peu relevée par les côtés, & le menton n'en est pas assez arrondi. La draperie de cette figure est ornée d'une bande peinte en pourpre & relevée d'une broderie blanche; on voit dans le même cabinet, une petite Isis découverte à Pompeïa, elle avoit sur le corps des ornemens dorés, effacés par le tems & le peu de soin que l'on prit à les conserver, quand on la déterra. Cette jolie figure n'est assurément pas de celles que fit sculpter Hadrien, car elle fut ensevelie sous les ruines du Temple où on l'a trouvée, dès le commencement du règne de Tite: c'est l'Isis Egyptienne adorée en Grèce, dès les tems les plus anciens, & traitée ſuivant la manière du ſiècle dont nous parlons, ce que l'on reconnoît à ſes yeux, à ſa bouche, comme au ſtyle de ſon travail : à en juger par l'avancement notable de l'Art, ces deux précieux monumens paroiſſent avoir été travaillés environ quarante ans avant la première Olympiade.

Tectéus & Angelion fleuriſſoient alors, car, ſuivant Pauſanias, ils furent maîtres de Callon d'Egine ; ce dernier fit, même avant la première guerre de Meſſene, un trépied placé dans le Temple des Graces, entre Amycle & Lacédémone ; unis enſemble, ils exécutèrent la ſtatue d'Apollon, adorée dans l'Iſle de Délos ; on en voyoit encore des reſtes, avec la baſe & l'inſcription, vers la fin du dernier ſiècle. Athénagore leur attribue une Diane, dont le ſtyle étoit probablement fort reſſemblant à celui de la ſtatue de cette Déeſſe, conſervée à Portici.

Au tems où Pline écrivoit, on voyoit à Cœré, ville fondée par les ſeconds Pélaſgues, des peintures encore plus anciennes, que celles du Temple d'Ardée & de Lanuvium, faites cependant avant la fondation de Rome, fixée par Varron à la vingt-quatrième année après la première Olympiade. Ces peintures de Cœré doivent avoir précédé de beaucoup cette époque ; quant à celles d'Ardée & de Lanuvium, quoique poſtérieures à ces dernières, elles remontoient néanmoins juſqu'aux premières Olympiades. Hélotas, Peintre originaire d'Etolie, mais établi dans Ardée, où il acquit le droit de citoyen, avoit peint ſur mur les tableaux qu'on y voyoit, comme ceux de Lanuvium. Ceux-ci repréſentoient Atalante & Helene nues ; le ſtyle en étoit *très-fini*, *cominus pictæ*, & ce ſtyle, comme on l'a dit, étoit celui des tems dont nous parlons. Ces deux figures ſe faiſoient remarquer par leur beauté, *utraque excellentiſſima forma* ; on reconnoiſſoit dans la première le *caractère* d'une Vierge, *altera ut Virgo.* Ce même *caractère*, très-bien indiqué dans la Diane de Portici, ne se trouvant pas dans la Minerve de Rome, peut servir, comme on vient de le voir, à determiner le tems de l'une & de l'autie, comme l'esprit, le style & le goût de l'Art, dans celui où elles ont été sculptées. Presque toutes les statues dans lesquelles on observe le fond de physionomie commun à ces deux figures, comme à celles des anciennes médailles Athéniennes & Syracusaines, auxquelles on donne vulgairement le nom d'Etrusques, furent exécutés par des Artistes Grecs, entre le tems de Lycurgue & celui de Cyrus.

Les ancêtres d'Antherme & de Bupalus de Chio, Sculpteurs fameux, qui vêcurent au tems du Poëte Hipponax, professoient déjà la Sculpture vers les premières Olympiades; c'est alors qu'Onassimedes fit à Thèbes en Béotie, une statue de Bacchus en bronze massif; la dépense du métal inutilement employé dans cet ouvrage, la grossièreté de sa fonte, montrent assez qu'il dût précéder le tems où Rœchus, Théodore & Télécles ses fils, perfectionnèrent la *Statuaire*, l'art de jetter des statues en bronze, au lieu de les fondre massives, comme on le faisoit avant eux, au moyen d'un modèle placé sur un noyau, recouvert d'un moule capable de supporter la chaleur du métal fluide, dont ils déterminèrent l'épaisseur par celle des cires employées entre ce moule formé sur elle & le noyau, retirées ensuite par l'action du feu avant d'y introduire le bronze liquéfié par le même agent, ils épargnèrent une dépense superflue, rendirent les statues plus durables, en les rendant plus légères, & diminuant l'intérêt qu'on pouvoit avoir à les détruire, pour employer à d'autres usages les métaux dont elles étoient composées; ils trouvèrent aussi l'art de faire des figures en fer fondu : ces ingénieuses inventions, qui firent comparer ces Artistes à Dédale

& à Epéus, fils de Panopée, précédèrent de *beaucoup* l'exil des Bacchiades, arrivée vers la trente & unième Olympiade, & furent aſſurément faites avant les grands ouvrages exécutés en bronze par Gitidias ; car ces ouvrages ſuppoſent néceſſairement la manière de jetter employée par ces Artiſtes.

Théodore fit ſa propre ſtatue en bronze; la reſſemblance en étoit admirable ; d'une main il tenoit une lime, & de l'autre un char attelé de quatre chevaux ; ce morceau étoit ſi délicatement travaillé, qu'une mouche pouvoit la couvrir de ſes aîles: une ſi minutieuſe recherche, la délicateſſe ſeule de ce travail, où l'induſtrie & la patience brilloient plus que le génie & la connoiſſance de l'Art, ſuffiroient pour indiquer le tems où vêcurent ces Artiſtes, & pour nous perſuader que la fameuſe émeraude gravée par Théodore, & qui appartint dans la ſuite à Polycrate, Tyran de Samos, fut faite plus de deux cens vingt ans avant la ſoixantième Olympiade, dans laquelle vêcut ce Prince.

Théodore & Rœchus furent en même tems Sculpteurs, Architectes, Orfévres & Graveurs. Diodore de Sicile prétend que Théodore & Télécles firent chacun, l'un à Samos, l'autre à Epheſe, la moitié de la ſtatue de l'Apollon Pythien, dont ils s'étoient partagé le marbre, après l'avoir ſcié dans toute la hauteur de la figure, ſuivant la méthode des Egyptiens ; mais cette méthode abſurde, & ce conte ridicule, ne ſont pas faits pour entrer dans une hiſtoire où l'on cherche la vérité.

Callon d'Egine, & Gitidias de Lacédémone, travaillèrent dès les premières années du règne de Romulus; car ils firent en bronze des trépieds, eſtimés antérieurs à la guerre de Sparte contre les Meſſéniens : or cette guerre commença dans la ſeconde année de la neuvième Olympiade, & Rome fut fondée, ſuivant Varron, dans la quatrième année de la ſixième. Sur l'un de ces trépieds, Callon repréſenta Proſerpine; ce maître plaça dans le Temple de Minerve *Athéniade*, la ſtatue de cette Déeſſe, faite en bois. Le peu de valeur de ſa matière, la ſauva, ſans doute, des mains du Conſul Mummius, quand il détruiſit cette Ville célébre, dont il emporta les plus précieux monumens.

Sur les deux trépieds de Gitidias, on voyoit une Vénus & d'autres bas-reliefs; cet Artiſte, à la fois Architecte, Sculpteur & Poëte, fit pour Lacédémone, ſa patrie, où le luxe, banni des maiſons particulières, étoit réſervé pour les édifices publics, le fameux Temple de Minerve *Polinchos*, ou *Gardienne de la Ville*. Cet édifice tout en bronze, comme la ſtatue de la Déeſſe, d'où lui vint le nom de *Calchiœcos*. Sur les lames dont ſes murs étoient revêtus, Gitidias exécuta en bas-reliefs, outre les travaux commandés à Hercule par Euriſtée, pluſieurs autres exploits de ce Héros, de même que ceux des Dioſcures & de Perſée; il y repréſenta Junon délivrée des liens de la chaiſe d'or où elle étoit priſe par l'artifice de Vulcain; enfin toutes les circonſtances de la naiſſance de Minerve; mais ce qui effaçoit tout le reſte, au gré de Pauſanias, c'étoit un Neptune & une Amphytrite *d'une beauté ſingulière*. La Sculpture dans les ouvrages de Gitidias, étoit donc auſſi avancé que l'étoit la Peinture dans ceux d'Hélotas, faits peu avant lui, ſuivant le rapport de Pline; cet Art étoit par conſéquent arrivé en Grèce au point où il parvint en Italie, quand Laurent Ghiberti fit en bronze les admirables bas-reliefs des portes du Baptiſtaire de Florence, & par une ſingularité remarquable, les Arts firent dans ces deux pays les mêmes progrès en des tems à-peu-près égaux.

Homere a renfermé dans un ſeul vers toutes les ſortes de beauté dont la figure humaine eſt ſuſceptible; celle qui ſe tire des *formes du corps*, celle qui vient de ſa *ſtature*, celle enfin que donne la *conſtitution du viſage*. La perfection de l'Art, par rapport à cet objet , consisteroit à réunir, dans le dégré le plus éminent, ces trois espèces de beauté; car elles comprennent en elles toutes les autres : un ouvrage peut être très-beau, sans néanmoins les réunir toutes également ; tels sont ceux du Ghiberti, du Donatelle & du Mazacchio ; quoique très-beaux en eux-mêmes, ces ouvrages sont cependant inférieurs par le choix du dessin, le caractère des têtes, à la sublime *beauté* de ceux de Raphaël, comme aux *graces* du Corrège : ainsi, quoique *d'une forme excellente & d'une beauté merveilleuse*, les figures d'Hélotas & de Gitidias, ne purent jamais atteindre à la beauté Divine & aux Graces, où nous savons qu'elles arrivèrent sous le ciseau de Phidias & de Lysippe, comme sous le pinceau de Protogène & d'Apelles.

A ces caractères de beauté propres au tems de Gitidias, mais si différens de ceux des meilleurs tems de l'Art, on reconnoît une très-belle Pallas découverte à Herculanum ; cette statue du plus beau marbre & de la plus parfaite conservation, est un peu plus grande que la nature ordinaire; l'action en est pleine de feu, la Déesse marche en combattant, elle oppose son égide, comme un bouclier, aux traits des Titans: sous la peau de chèvre dont il est formé, on voit la forme de la main & le mouvement des doigts qui la tiennent : la taille & le col de cette figure sont d'une grande élégance, les cheveux en furent autrefois dorés, non avec des feuilles très-légères retenues par un blanc-d'œuf, comme celles qui couvroient la chevelure de la Vénus de Médicis & de l'Apollon du Belvedere, mais par des lames d'or tellement épaisses, qu'on pouvoit les détacher: telles étoient celles dont, au tems d'Homere, on couvroit les cornes des Taureaux dans les sacrifices les plus solemnels. Quoique plus belle encore que la physionomie de la Diane, dont on a parlé plus haut, celle de cette Pallas est néanmoins constituée sur les mêmes idées, les yeux en sont tirés, & le bas du visage n'a ni la rondeur, ni la grace qu'on sçut lui donner dans les tems suivans.

Tant de beaux morceaux de l'ancienne Sculpture des Grecs, ainsi que deux jeunes Lutteurs en bronze, découverts sous les cendres du Vésuve, me paroissent être de ceux que les Magistrats & les Empereurs Romains enlevèrent à Sicyone, à Corinthe, à Delphes, à Olympie, comme à presque toutes les Villes de la Grèce, conservées par l'accident même qui paroissoit devoir les ensevelir pour toujours; ils n'existeroient plus aujourd'hui, s'ils étoient restés dans le pays d'où on les arracha. Après avoir passé en différentes mains, par une suite des révolutions du Palais Impérial, ils se trouvèrent rassemblés à Herculanum, vraisemblablement par quelqu'amateur intelligent, pour montrer aux curieux de son siècle, par combien de métamorphoses la Sculpture parvint à devenir ce qu'elle fut au tems de Lysippe, dont on voit un chef-d'œuvre dans cette précieuse collection, & quelle voie elle prit pour se conduire en déclinant jusqu'à celui où elle se trouvoit vers le règne de Vespasien, sous lequel vivoit cet amateur, dont je cherche à deviner l'intention.

Bien-tôt après la découverte de la Statuaire par Théodore & Rœchus, cet Art fut apporté en Italie; Romulus ayant vaincu les *Camériens* dans la *seizième* année de son règne, consacra, suivant Denys d'Halicarnasse, à Vulcain, un char de bronze, attelé de quatre chevaux: il fit mettre sa statue près de ce trophée, avec une inscription en caractères grecs, dans laquelle on rappelloit ses victoires. Ces caractères ne pouvant être ceux des Pélasgues, constamment employés dans tous les tems à Rome, étoient nécessairement ceux de Cadmus, dont l'usage devint général en Grèce cent ans après Homere; ce sont ceux dont les colonnes d'Hérode Atticus nous ont conservé l'ancienne forme. Et comme les Peintures d'Ardée & de

Lanuvium

Lanuvium nous montrent que des Peintres Grecs travailloient chez les Latins, même avant la fondation de Rome, l'inscription de ces monumens nous fait voir que des Statuaires venus de Grèce, travaillèrent dans cette même Ville dès le tems de son fondateur, & peut-être dans *Camerie*, si, comme le dit Plutarque, le char consacré par Romulus en fut enlevé par les Romains.

Le règne & la vie de Romulus & de Candaule, Roi de Lydie, finirent dans la même année de la seizième Olympiade, le Peintre Bularque vécut dans le tems de ces Princes: il fit un tableau d'une grandeur assurément très-considérable, puisqu'il représentoit une bataille où les Magnetes furent défaits; Candaule paya cet ouvrage en le couvrant de pièces d'or: jamais les productions de l'Art ne rapportèrent autant à leurs auteurs; jamais l'Art lui-même n'acquit une plus grande considération que celle dont il jouit alors, & jamais par conséquent il ne dut être plus florissant, quoique dans la suite il devint bien supérieur à ce qu'il étoit dans ce tems-là, où les particuliers contribuèrent cependant comme les Princes à son avancement. L'ayeul maternel de Cypsélus fournit à la dépense d'un magnifique coffre, conservé pendant près de mille ans dans le Temple de Junon à Olympie, comme un monument aussi précieux par la beauté de son travail, que par la richesse de ses bas-reliefs. Les figures en étoient de cédre, d'or ou d'ivoire; la description de ce monument intéressant, faite avec une extrême exactitude par Pausanias, montrant clairement l'état de la Sculpture vers la douzième Olympiade, devroit se trouver ici; mais comme elle y occuperoit trop d'espace, je la placerai à la fin de ce discours.

Lacédémone employoit encore au tems des Antonins, le *Cachet* autrefois gravé par Polydore, l'un de ses Rois. Ce Prince, trente-six ans après la fondation de Syracuse par Archias de

Corinthe, envoya des Colonies à Crotone & à Locres; Sybaris fut fondée dans le même tems, & Tarente quelques années après. Cependant Ariſtocles de Cydonia fit alors un groupe qui repréſentoit Hercule combattant, pour s'emparer de la ceinture d'une Amazone à cheval; ce même Artiſte exécuta un Ganymède enlevé par les Dieux, pour leur ſervir d'échanſon. Les motifs de ce grouppe & de cette figure, joints à ce que nous avons obſervé de la Minerve de Portici, ne laiſſent pas douter qu'au tems où l'on fit ces ouvrages, on ne connut tous les moyens de donner les *caractères* propres à la nature des perſonnages, & toute *l'expreſſion* capable de faire clairement entendre les ſujets repréſentés; dès-lors la meſure préciſe du mouvement, le rapport de l'action avec le ſentiment & la volonté, comme celui du tempérammment avec les formes extérieures de la figure, étoient déterminés, & déjà l'Art s'avançoit vers la perfection de ſes parties principales.

Cléœtas, Architecte & Sculpteur très-fameux, fit dans Athènes ſa propre ſtatue, avec cette inſcription: *Cléœtas, fils d'Ariſtocles, qui conſtruiſit la barrière d'Olympie, m'a faite: ceux qui préféroient*, dit Pauſanias, *les beautés de l'Art à la ſimple antiquité, examinoient avec attention la figure d'un guerrier inconnu, faite par cet Artiſte; elle avoit la tête couverte d'un caſque, & ſes ongles étoient d'argent.* On reconnoît dans cette ſtatue les coutumes du tems où on la fit; car dans celui de Cléœtas, les Grecs étoient encore dans l'uſage de paroître toujours armés en public; & comme Ariſtocles, père de ce Sculpteur, travailloit avant la vingt-ſeptième Olympiade, dans laquelle Zancle prit le nom de Meſſine, Cléœtas ayant fait élever la barrière, ouverte dans la vingt-cinquième aux courſes des chariots dans Olympie, ſes ouvrages & ceux de ſon père, nous montrent qu'à cette époque la Sculpture déjà parvenue à connoître toutes les régles du deſſin & de la compoſition, étoit encore en état de donner à ses statues une beauté que n'avoient pas toutes celles dont avons parlé jusqu'à présent.

Les ongles d'argent de la statue de Cléœtas, font juger que les yeux de cette figure étoient de la même matière ; c'est donc au tems de cet Artiste, où la richesse faisoit partie du style de l'Art, que remonte cette sorte d'ornement étrangers chez nous, mais fréquemment employé par les Anciens, & dont il nous reste encore une infinité d'exemples dans leurs monumens, où l'on voit les yeux exécutés en pierres précieuses, en or, en argent, en verre coloré, ou par d'autres compositions : on sçait d'ailleurs que, dans quelques statues de marbre noir ou de basalte, ils firent les dents de couleurs blanche.

La révolution qui, vers la trentième Olympiade, mit Corinthe sous le joug de Cypsélus, en éloigna la puissante famille des Bacchiades; l'un d'eux, nommé Démarate, connoissant parfaitement l'Etrurie, dans laquelle il avoit fait plusieurs voyages, & où il faisoit encore un très-riche commerce, vint dans ces circonstances s'établir à Tarquinies : Tullus Hostilius régnoit alors dans Rome, fondée quatre-vingt-dix-sept ans avant l'arrivée de Démarate. Celui-ci conduisit avec lui des Artistes, qu'il savoit manquer au pays dans lequel il transportoit sa fortune. La *Peinture*, la *Plastique*, & tous les Arts qui en dépendent, furent, suivant Strabon, portée à leur perfection dans Sicyone & dans Corinthe, ce fut de cette ville que vinrent, avec Démarate, le Peintre Cléophante & les Statuaires Euchir & Eugramme, *qui donnèrent la Plastique à l'Italie*. Par cette expression, Pline entend seulement cette partie d'Italie où ces Artistes s'établirent; car la grande Grèce ou la Sicile, déjà peuplées de nombreuses colonies Grecques qui s'y établirent depuis la découverte de la *Plastique*, fournirent certainement à Romulus les Artiftes dont il fe fervit pour faire le monument dont nous avons parlé, comme ils donnèrent à Numa Pompilius ceux qui exécutèrent la ftatue de Janus *confacrée par ce Prince*, & dont la main, par l'arrangement de fes doigts, marquoit les trois cens cinquante-cinq jours de l'année Romaine : la Louve de bronze gardée dans le Palais des Confervateurs au Capitole, paroît auffi avoir été faite vers ces tems-là.

On peut voir à préfent toute la fuite de l'hiftoire de l'Art en Etrurie. Apporté d'Arcadie par les premiers Pélafgues établis à Tarquinie, il fe foutint dans cette province par le moyen du commerce non interrompu de la Grèce avec elle; ce commerce fut fufpendu vers la fin du fiècle poftérieur à la ruine de Troye, car alors les Grecs, portant leurs vues fur les colonies qu'ils etabliffoient dans l'Afie Mineure, négligèrent celles de l'Italie : privés des lumières qu'ils en tiroient, les Arts de cette dernière abandonnés à eux-mêmes, fe foutinrent pendant quelque tems fans s'avancer, mais fe perdirent à la longue, comme une lumière s'éteint faute d'alimens. Cependant, même avant les Olympiades, des Peintres, & fans doute des Sculpteurs Grecs, travaillèrent à Cumes, dans le Latium, & à Cœré, qui, fous le nom d'Agylle, fut une des anciennes colonies fondées par les Pélafgues Theffaliens; l'arrivée de Cléophante, d'Euchir & d'Engramme, rendit une nouvelle vie à la Sculpture des Etrufques; ce feu facré fi long-tems enfevelie fous la cendre, fe ralluma & fe foutint depuis la quatre-vingt-dix-feptième année de Rome, jufqu'à l'an 489, où les Romains s'emparèrent de Volfinium.

Dans l'intervalle des quatre fiècles, pendant lefquels la communication des Arts de l'Etrurie & de la Grèce fut interrompue, les peuples de ces deux pays, abandonnant les anciennes lettres Pélafgues, qui leur avoient autrefois été communes, s'étant dès les tems précédens formé des langues différentes de leur langue mère perfectionnée chez les Grecs, détériorée chez les Etrusques, mais en partie conservée par les Latins, ils se formèrent aussi, ou du moins adoptèrent des nouveaux caractères, & se trouvèrent par-là même plus étrangers les uns aux autres; ce qui, dans la suite, contribua beaucoup à leur faire méconnoître leur commune origine. La différence des lettres proprement Etrusques, & des lettres Pélasgues, sert à découvrir dans les ouvrages où se trouvent les dernières, ceux qui pourroient indifféremment appartenir aux anciens Grecs ou aux anciens Etrusques, dont l'Art, suivant les mêmes principes, étoit fondée sur les mêmes raisons, & à les distinguer des ouvrages plus modernes, quand les Arts se renouvellèrent en Etrurie par le moyen d'Euchir & d'Eugramme; car ceux-ci ne sont reconoissables qu'à cette seule différence dans les lettres Etrusques qu'on y a gravées; on va voir la cause de cette singularité.

Tout occupés, pendant le cours de ces quatre siècles, de leur marine & des profits dont elle étoit la source, les Etrusques devenus très-opulents, s'abandonnèrent à un luxe incroyable, comparé par Athénée à celui des Sybarites mêmes; mais plus attaché encore à leur divination qu'à la piraterie, ils regardèrent cette prétendue science, comme la seule digne d'être cultivée; d'où il arriva que, négligeant toutes les autres, ils n'écrivirent pas même leur propre histoire; & bientôt, avec la connoissance de leur propre origine, ils perdirent celle de l'origine de leurs Arts, dont ils crurent être les inventeurs, comme ils se crurent aussi les plus anciens peuples de l'Italie. Ces chimères adoptées de leurs voisins, encore plus ignorans qu'eux, nous furent transmises par les Romains, qui, regardant d'abord les Etrusques comme des Prophètes dont ils attendoient la vérité sur les événemens à venir, ne purent se figurer que des gens capables de prévoir ce qui devoit être, pussent se tromper sur ce qui avoit été ; mais des ignorans instruits par des visionaires, finissent toujours par s'abuser mutuellement.

Par une suite de leur opulence & de leur luxe, les Etrusques préférèrent les richesses aux talens : enorgueillis de leur vaine superstition, ils méprisèrent les Arts ; & comme Tite-Live nous l'apprend, ils les abandonnèrent à leurs esclaves. De tels gens ne purent apprendre d'Euchir & d'Engramme, que la méchanique de la Statuaire ; car les maîtres dont ils dépendoient, accoutumés à regarder les anciennes statues de leurs Dieux, comme les productions du Génie de leur Nation, s'admirant eux-mêmes dans ces ouvrages, continuèrent à en exiger de semblables de leurs Artistes, peu capables d'ailleurs d'inventer d'eux-mêmes quelques chose de meilleur ; de sorte que la vanité leur faisant conserver toute la rudesse de leur ancienne manière, ils profitèrent peu des découvertes faites par les Grecs : c'est ainsi que les Chinois, asservis par leur goût national, ne changèrent pas leur détestable peinture, quand en 1698 Ghérardini alla peindre chez eux, & depuis que souvent ils ont eu sous les yeux des estampes & des tableaux apportés d'Europe. Il arriva de-là, qu'à cette seconde époque, les Arts des Etrusques ne furent guères plus avancés qu'ils l'étoient à la fin de la première ; & c'est au moyen des caractères de l'écriture qui constatent cette époque, que l'on parvient à distinguer les ouvrages faits par eux dans ces deux tems si éloignés l'un de l'autre.

J'ai maintenant sous les yeux un monument bien capable de prouver ce que j'avance ici ; c'est un plâtre tiré d'une patere de bronze inscrite en lettres Etrusques, les figures en sont ménagées de relief, & la fonte n'en peut être plus belle ; ces trois circonstances réunies font voir qu'elle doit être postérieure au tems où Euchir & Eugramme donnèrent à l'Etrurie les moyens d'exécuter un tel ouvrage : les ornemens en sont Grecs, & les draperies traitées dans le goût de celles qu'employoit la Grèce dans le siècle de ces Artistes. Les figures représentent Hercule se donnant à la Vertu, représentée par Minerve. Toute l'expression est tirée de la *violence de l'attitude*, la Déesse passe un bras sur le col du Héros, de l'autre main elle s'appesantit sur sa tête, & le contraint à se courber pour marcher en avant ; les Grecs l'eussent représenté cédant aux attraits de la Sagesse ; mais ici, c'est par sa force qu'il est dompté, tous ses muscles sont en contraction, la forme de tous les os, les attaches de toutes les jointures, sont scrupuleusement marquées, les sourcils mêmes sont détaillés par une ligne saillante, & les yeux sont dessinés de face, bien que les têtes soient de profil : il semble qu'avec tant d'art & de soin, on se soit surtout attaché à éviter toute idée de grace, à éloigner tout sentiment de beauté, & l'auteur de cette composition semble l'avoir fui avec autant de précaution, que les Artistes Grecs en employoient à la chercher.

Ce goût national ne fut pas adopté par les peuples voisins des Etrusques, & l'opinion où l'on est qu'ils donnèrent la Sculpture aux Romains comme ils leur donnèrent l'Architecture, est absolument fausse ; comment en effet la leur eussent-ils donnée, ne l'ayant pas eux-mêmes, quand la Plastique & la Statuaire avec elle se renouvellèrent en Etrurie, par le moyen des Artistes venus de Corinthe avec Démarate. Les Etrusques ayant repris le style abandonné par les Grecs, au tems du passage de leur Colonie en Ionie, la différence entre l'Art de ces deux peuples put se mesurer à l'époque dont il s'agit ici, par la quantité des découvertes faites par les derniers depuis plus de quatre siècles ; car les Etrusques ne prirent d'eux que la *Statuaire*, & les justes proportions du corps humain, déterminées par les Ioniens avec celles de l'Architecture Dorique. Ainsi les styles de ces peuples différèrent par les principes de *l'expression*, & par le goût de la *beauté*, les uns la regardant comme essentielle aux ouvrages de l'Art, les autres n'en faisant aucun cas.

Les Etrusques recherchant *l'expression* dans la *force du mouvement*, les Grecs s'attachant à la donner *par la mesure précise du mouvement*, & son perfait *accord* avec la *volonté ou la passion* qui l'occasionne, les uns représentèrent par l'Attitude, les autres *exprimèrent par l'Action ;* cette diversité de vues & de principes fit dire à Quintilien, que *les statues Etrusques différoient par leur genre même de celles des Grecs :* la source dont les premiers tiroient l'expression, *contraignant nécessairement les formes de la figure*, en éloignant toute idée de *beauté*, leur donna cette rudesse & cette dureté que Ciceron, avant Quintilien, leur reprocha.

Quoique général, ce goût ne fut cependant pas universel en Etrurie, & sûrement il s'y trouva des Artistes & des gens intelligens qui, secouant le joug du préjugé & de l'habitude, cherchèrent, les uns à se rapprocher de la manière des Grecs, les autres à se procurer des ouvrages sortis de leurs mains, ou du moins exécutés suivant leurs maximes. Si la chose eût été diversement, Mnésarque de Samos, père du Philosophe Pythagore, n'eût pas travaillé long-tems en Etrurie, où il demeura vers la soixante-deuxième Olympiade ; un bas-relief du Sculpteur Callimacus, qui vivoit à-peu-près dans la quarante-quatrième, ayant été découvert à Horta, fait voir l'estime de quelque habitant de cette Ville pour les ouvrages de la Grèce ; & dans la statue du prétendue Lucumon de Florence, on reconnoit le travail d'un Artiste Grec, employé par un amateur Etrusque, comme le montre l'inscription gravée sur le rebord de sa draperie dans les caractères de cette nation,

nation, ou si cette figure fût exécutée par un Artiste du pays; il est certain qu'il travailloit sur les principes de l'Art des Grecs.

Ces principes s'introduisirent insensiblement chez les Etrusques, & vers la cinquante ou soixantième Olympiade, ils paroissent avoir adouci le *style outré* de leur composition; mais accoutumés, comme ils l'étoient, à représenter durement les parties, quelques-uns de leurs Sculpteurs gardèrent encore pendant long-tems cette ancienne manière : cependant dans le grand nombre de statues enlevée par les Romains à Volsinium, une partie encore existante au tems de Pline, semble avoir été faite sur des règles étrangères à l'Etrurie, dont les Artistes, en se conformant à celles de la Grèce, parvinrent enfin à faire ce bel Apollon colossal de la Bibliothéque du Temple d'Auguste, sur le Mont-Palatin, dans lequel, au rapport de Pline, on admiroit également la réussite de la fonte & la beauté de la figûre, qui étoit de cinquante pieds de hauteur; cette beauté totalement opposée au système de l'Art des Etrusques, en montre l'abandon par leurs Artistes mêmes, dont les ouvrages finirent par se confondre avec ceux des Grecs.

Néron, qui fit transporter à Rome tant de précieuses statues ôtées à la Grèce, qui ravit aux Thespiens le beau Cupidon de Praxitéles & qui vouloit enlever le Jupiter Olympien de *Phidias*, fit prendre, suivant Pausanias, une partie des statues posées dans le bois sacré d'Olympie par Smicitus. Elles étoient de Glaucus de Chio, & d'un Denys de Regium, assurément différent de celui qui, vers la soixante & dix-huitième Olympiade, travailla avec Simon d'Egine à faire les chevaux & la statue de Phormis de Ménale, attaché à Gélon & à Hyéron, son frère, Tyrans de Syracuse; car Glaucus & Denys exécutèrent au plus tard dans la trente-septième Olympiage, les ouvrages commandés par ce Smicytus, autrefois Intendant d'Anaxilas, qui, dans l'Olympiade vingt-sept, conseilla aux Messéniens de s'établir à Zancle, d'où lui vint le nom de Messine qu'elle porte encore aujourd'hui.

Dans ce nombre incroyable de statues en bronze vouées par Smicytus, statues dont le mérite est constaté par le choix même des émissaires de Néron, on remarquoit celles d'Homere & d'Hésiode. Les têtes d'Homere dont on décoroit les bibliothéques au tems de Pline, étoient *idéales*, & faites pour représenter plutôt le *caractère* que la *figure* de ce grand Poëte : ce sont elles dont ont voit des copies en bronze & en marbre dans les galeries de Florence & du palais Farnèse, dans la vigne Albani, & sur un assez grand nombre de pierres gravées. Pausanias ne pouvoit manquer de connoître le *caractère donné* de ces têtes, & puisqu'il reconnut celui d'Homere dans sa statue faite par Denis d'Argos à Olympie, il est à croire que c'est d'après le fond du *caractère* de cette dernière, que furent copiées toutes celles dont nous venons de parler. Par le choix des formes & l'intelligence de ces morceaux, l'on peut juger combien l'Art étoit avancé au tems où ce Denys, Sculpteur néanmoins inférieur à Glaucus d'Argos, son concitoyen, fit l'original de ces figures d'Homere.

Vers la fin d'un règne qui dura trente ans, Cypsélus consacra une statue d'or massive d'une grandeur très-considérable, dans le Temple de Jupiter Olympien ; mais étant mort avant d'y avoir mis son nom, & les Corinthiens ayant voulu la dédier sous le leur, sur le refus des Eléens, ils les exclurent à perpétuité des Jeux Isthmiques ; après la Vache de Dédale, cette statue faite en or, est la première dont parle l'histoire, comme celle du cheval de Lucius-Vérus, du même métal, semble avoir été la dernière, car l'Art finit avec le règne de Commode, neveu de ce Prince. C'est à-peu-près dans le tems où l'on fit cette statue de Cypsélus, qu'elle fut placée dans la trente-huitième Olympiade ; elle exiſtoit encore au tems de Pauſanias, mais le tems avoit preſque effacé l'inſcription gravée ſur ſa baſe.

La forme des habillemens d'une nation tient à ſes coutumes & à ſes mœurs, les étoffes dont on les fait tiennent à la nature du climat qu'elle habite ; mais les ornemens dont on les embellit, tiennent toujours à l'eſprit & au goût du ſiècle, dont l'uſage général en fait *une mode.* Les habillemens des Grecs, avant la cinquantième Olympiade, étoient de deux eſpèces, toujours armés quand ils paroiſſoient en public, ou nuds dans les Gymnaſes où ils s'exerçoient, la gravité de leurs mœurs leur faiſoit porter des robbes longues dans l'intérieur de leurs maiſons. Comme ils vivoient ſous un climat extrêmement doux, ils ſe ſervoient de toiles de lin ou de coton, & employoient des étoffes de laines encore plus légères, que ne le ſont nos ſerges & nos étamines ; ces toiles & ces étoffes n'étant pas doublées, laiſſoient voir la forme des parties qu'elles recouvroient ; & comme elles étoient fort amples, elles formoient des plis ordinairement droits & paralelles entr'eux : juſqu'au tems de Lycurgue, ces babillemens furent très-ſimples ; auſſi voit-on, qu'à l'exception de ceux des femmes dont il fit ouvrir les côtés, ce Légiſlateur ne donna aucun réglement à cet égard. Le goût des recherches, l'envie de tout embellir introduit dans la ſociété, comme dans les Arts, peu de tems après lui, l'eſprit enfin d'où provint ce goût minutieux, influa néceſſairement ſur les draperies employées dans les tems ſuivans.

La nature de ces draperies légères, en multiplant les plis, ſe marquoit ſur leur rebord par un arrondiſſement formé par le jet même de ces étoffes minces & de peu de conſiſtance, comme on peut les obſerver dans celles de la Déjanire placée à la *Planche 66 de ce Volume :* la variété de cette forme la faiſant paroître agréable, on imagina de l'aſtreindre par des coutures, & l'on arrangea méthodiquement les extrémités de ces plis, repliés les uns sur les autres en forme de triangles, au moyen desquels on eut une espèce de garniture le long des bords de l'habillement : on voit le commencement de cette mode dans la Minerve de la Vigne Albani, & sur un autel rond du Capitole, où il y a un Mercure, un Apollon & une Diane; la draperie du premier de ces Dieux se relevant sur son dos, montre comment elle étoit astreinte par des points ou des épingles, à garder la forme symmétrique qu'on lui avoit fait prendre, & à former la sorte de garniture dont je viens de parler. Les plis de la draperie du Neptune, gravé sur la médaille d'argent de *Posidonia*, quoiqu'arrangés dans cet ordre symmétrique, paroissent néanmoins plus coulans & moins ordonnés qu'ils ne le sont dans la statue précédente; & comme on ne découvre l'emploi de cette mode, ni dans les siècles antérieurs à la Minerve d'Albani, ni dans ceux qui suivirent celui où l'on frappa cette médaille, on doit croire qu'elle dura dans sa force pendant l'intervalle des tems où l'une & l'autre furent exécutée : c'est effectivement alors que le style de l'Art se changea deux fois, car c'est le commencement & la fin de cette manière recherchée, dont le goût tenant peut-être à cette mode singulière, paroît avoir réagi sur elle.

Comme la Peinture, la Sculpture & la Gravure servent à retrouver les formes des modes anciennes, celles-ci peuvent servir à leur tour à déterminer le tems où le style des Arts exista conjointement avec elles, & l'on doit compter sur la verité des époques qu'elles indiquent, si d'ailleurs les observations qu'elles fournissent s'accordent avec la marche de l'Art, & avec l'ordre de l'histoire. Sybaris fondée, comme on l'a vu, dans la dix-huitième Olympiade, à l'aide des loix de Lycurgue & de Séleucus, se soutint pendant longtems avec gloire, Maîtresse, suivant Strabon, de ving-cinq Villes situées dans ſon voiſinage, elle étendit dans la ſuite ſes colonies au-delà de l'Apennin, juſqu'au golfe de Talaus, & à celui de Peſti : *Phiſtulis*, laiſſant alors ſon ancien nom Pélaſgue, prit celui de *Poſidonia*, ou *Ville de Neptune* : ſes médailles en argent avec la figure de ce Dieu, repréſente, ſans doute, la forme ſous laquelle il étoit adoré dans cette ancienne ville. Au ſtyle du deſſin de cette figure, au jet de ſa draperie, aux lettres & à l'ornement même dont le contour de la médaille dont Poſſidonia eſt ornée, contour dans lequel on trouve la recherche des ouvrages Grecs, faits avant la cinquantième Olympiade, on reconnoît le tems de l'établiſſement de la colonie Sybarite à Pheſtulis. Sybaris, alors puiſſante, avoit maintenu ſes loix & ſes mœurs, dont l'oubli, dans l'eſpace de ſoixante & douze ans qui ſuivirent, prépara ſa totale deſtruction ; & comme elle fut renverſée dans la ſoixante-huitième Olympiade, il lui fallut au moins le tems coulé de-là à la cinquantième, pour arriver à l'excès de moleſſe qui le produiſit. Ainſi ſes colonies, certainement établies dans les tems où elle étoit encore floriſſante, paroiſſent même antérieures de quelques années à l'époque ici déterminée. Comment en effet après ce tems, les Sybarites euſſent-ils envoyé leurs citoyens habiter d'autres pays, eux qui, dès-lors, faiſoient gloire de ne jamais ſortir du leur, & ſe flattoient, ſuivant Athenée, de vivre & de mourir entre les ponts du Sybaris & du Cratis, dont les eaux couloient preſque ſous les murs de leur Ville ?

Les monumens où l'on trouve l'ancienne mode Grecque dont on vient de voir l'origine & la fin, furent donc exécutés dans un eſpace d'environ trois ſiècles, entre les tems de la reſtitution des Jeux Olympiques par Iphitus, & la cinquantième Olympiade : les progrès comme l'altération de cette mode, font viſiblement reconnoître la marche de l'Art, juſqu'au ſiècle où les Artiſtes quittant le ſtyle recherché, ce dernier finit avec elle. On pourroit citer ici beaucoup de monumenr de ces tems-là ; mais de peur de s'étendre trop dans un ouvrage où tant de choſes doivent entrer, on ſe contentera d'en examiner deux qui ſemblent mériter une attention particulière, par rapport à cette hiſtoire.

Le premier eſt un bas-relief, anciennement découvert dans les ruines d'Horta ; il eſt maintenant au Capitole ; on y voit trois Bacchantes, précédées d'un Faune, dont le caractère agreſte eſt fort bien exprimé par le deſſin & la touche du ciſeau ; les attitudes des trois autres figures ſont très-ſimples, les plis de leurs draperies paroiſſant moins aſſervis & plus coulans que ne le ſont ceux des monumens précédens, ſe rapprochent par-là même de la forme de ceux de la draperie du Neptune de Poſidonia ; & comme l'ajuſtement de tête de ce Neptune, & celui des têtes de ces figures ſont très-exactement les mêmes, qu'au lieu de deux longues boucles pendantes ſur le col, comme on les voit dans les tems antérieurs, les chevelures de celles-ci en ont conſtamment trois, & ſont couronnées d'un Diadême, on ne peut douter que ce morceau de Sculpture n'ait été travaillé vers le tems où fut frappée la médaille de Poſidonia. Il porte le nom du Sculpteur Callimachus, qui *l'a fait*.

Dans un autre Bas-relief de la Vigne Albani, près d'une colonne qui ſoutient une ſtatue & d'un autel orné de figures, un Génie aîlé, le bras élevé à la hauteur de ſa tête, verſe de la liqueur dans un vaſe qu'il préſente à une Muſe, reconnoiſſable à la lyre dont elle touche les cordes : près d'elles on voit une Diane Lucine avec un flambeau ; cette dernière eſt ſuivie d'une autre figure drapée comme les deux autres, ſon ſceptre me la fait prendre pour une Vertu. D'une main elle releve ſa draperie qui paſſe d'un bras ſur l'autre ; l'action comme la forme de cette main, ſont exactement les mêmes que celles de la ſeconde Bacchante du Bas-relief de *Callimachus* ; mais ce qui eſt très-remarquable, l'ajuſtement des cheveux de ces trois Déeſſes, en tout ſemblable à celui de ces trois Bacchantes, l'eſt par conſéquent à celui de Neptune de Poſidonia. Près de Verta, s'élève une colone triangulaire ſurmontée d'un trépied; le fond de cette compoſition mérite grande attention, car il eſt évident que le mur dont il eſt rempli, & dont on a baiſſé une partie, eſt ainſi arrangée, uniquement afin de laiſſer voir les chapiteaux du Temple placé derrière lui; ces chapiteaux ſont *d'Ordre Corinthien* : la frize de leur entablement enrichie de ſculptures, repréſentant des courſes de char, fait manifeſtement connoître que ce Temple repréſente celui de Neptune, bâti, ſuivant Strabon, ſur l'Iſthme de Corinthe, où l'on célébroit les Jeux Iſthmiques en ſon honneur.

Dans trois autres bas-reliefs antiques, mais copiés d'après celui-ci, on ne trouve ni cette muraille, ni le Temple autour duquel elle étoit conſtruite; d'où je ſoupçonne que, comme dans la ſuite *Sauros* & *Batrachus*, en ſculptant des figures de *Léſards* & de *Grenouille*, dans les volutes des chapiteaux employées dans les Temples, dont ils furent les Architectes, trouverent moyen d'exprimer leurs noms, qu'il leur étoit défendu de graver dans l'inſcription de ces Temples. Ainſi l'auteur de ce bas-relief, peut-être autrefois conſacré, ce qui ne lui permettoit pas d'y inſcrire le ſien, voulut le déſigner avec celui de ſa patrie, par la figure de ce Temple & la forme de ces chapiteaux.

Comme le ſtyle, ainſi que l'ajuſtement des figures, y font également reconnoître le Sculpteur Callimachus, l'Architecture montrée ici par l'interruption du mur, faite à deſſein de la faire obſerver, ſemble caractériſer ce même Artiſte, comme inventeur du *Chapiteau Corinthien;* cette conjecture étant bien fondée, le monument préſent nous indiqueroit le tems de la découverte de l'ordre Corinthien, & nous montreroit l'erreur où Vitruve eſt tombé, en confondant ce Callimachus avec celui qu'on appelloit *Caciζotechnos*, ou le *Brouillon de l'Art*, car ce dernier ne vêcut que vers la cent vingtième Olympiade, puiſque, ſuivant Pline, il fit la ſtatue du Philoſophe Zénon, chef de la Secte Stoïque, qui floriſſoit à cette époque. Or, il eſt évident qu'il ne put être l'inventeur de l'ordre Corinthien employé par Scopas, dans le Temple de Minerve Aléa, conſtruit à Tégée plus de cent ans avant lui, que Vitruve donna cependant pour en être l'inventeur. Les fameux Candélabres du palais Barberini repréſente ſur leur baſe triangulaire des Divinités, dont les draperies ſont travaillées dans le ſtyle de celles des bas-reliefs dont on vient de parler : quoique travaillés bien plus finement, ces Candélabres ſont néanmoins à-peu-près du même tems, car leur fût repréſentant la plus ancienne forme des chapiteaux Corinthiens, marque qu'ils dûrent être faits vers le tems de l'invention de cet ordre, vraiſemblablement par des Artiſtes du pays où il fut trouvé, & qui, par ces formes, voulurent indiquer le nom de leur patrie.

Léon, contemporain du Poëte Alcée, peignit le portrait de Sapho; il vêcut vers la quarante-cinquième Olympiade, avec cette femme célèbre par ſes poéſies & par ſes amours. Ce portrait conſervé juſqu'au tems des Empereurs, dût, ſans doute, être recouvert d'une couche très-légère de cire, pour en garantir les couleurs contre les injures de l'air : ce fut vraiſemblablement l'embarras d'appliquer ces cires, qui, dans la ſuite, donnant lieu à leur mélange avec les couleurs mêmes, produiſit la peinture *Encauſtique*. Les Anciens ſe ſervoient auſſi d'une ſorte de compoſition, dans laquelle il entroit des roſes, pour conſerver les ſtatues en bois; telle dut être celle que Laphaës de Phliaſie employa, pour éloigner les vers, & garder de la pourriture l'Hercule & le Coloſſe d'Apollon, qu'il fit en bois pour Sicyone & pour Egyre, où on les voyoit encore dans le ſiècle des Antonins.

Vers le tems de Léon & de Laphaës, on fit auſſi la ſtatue de Cylon, qui voulut ſe faire Tyran d'Athènes ſa patrie; cette ſtatue

ſtatue fut élevée, ſuivant Pauſanias, parce que Cylone étoit l'homme le mieux fait de ſon tems, & qu'il avoit acquis aux Jeux Olympiques beaucoup de gloire en y remportant le prix du ſtade double. Syadras & Chartas de Sparte vêcurent vers la quarante-huitième Olympiade, ils furent les maîtres d'Eubulides d'Athènes, où l'on voyoit un Apollon fait & conſacré par cet ancien Sculpteur. Malas, Micciades & Antherme qui précédèrent Dipœne & Scyllis, doivent avoir été contemporains de cet Eubulide, père du Statuaire Euchir.

Vers la cinquantième Olympiade, où cette hiſtoire eſt arrivée, tous les Arts s'étoient dévéloppés chez les Grecs; ils connoiſſoient les règles de la peinture, celles de la Sculpture & de l'Architecture : la Gravure en pierres s'exécutoit chez eux au moyen du touret employé preſque dès le tems de Talus. Théodore & Rœchus, qui vivoient vers les premières Olympiades, ayant inventé le banc, on l'employa dans la ſuite pour tourner les ſtatues en ivoire; la manière de les jetter en bronze, découverte par ces mêmes Artiſtes, & celle de fondre le fer, firent tenter des expériences ſur tous les métaux. Alcon fit un Hercule en fer, & par une opération qui ſuppoſe beaucoup de recherche, Ariſtonides voulant faire une ſtatue d'Athamas, allia ce même métal au cuivre, avec lequel il s'unit difficilement & en petite quantité. Tiſagoras l'employa de même dans la ſtatue d'un Hercule combattant l'Hidre de Lerne, & dans les têtes de Lion & de Sanglier qu'on voyoit à Pergame. Tous les principes des Arts étant établis, ils ſe perfectionnèrent dans les deux ſiècles qui ſuivirent la cinquantième Olympiade; cette époque correſpond à l'an 4134 de la Période Julienne. Si l'on conſidére que les plus anciennes ſtatues faites au tems de Criaſus, remontent à l'an 3090 ou 3091 de la même Période, on trouvera un eſpace de 1043 ans, pendant lequel les Arts, par des progrès inſenſibles, ſe mirent en état d'atteindre à leur perfection ; ceci justifie Varron d'avoir dit, qu'ils furent tous inventés en Grèce, dans l'espace de mille années.

Marche de l'Art depuis la cinquantième Olympiade, jusqu'après Phidias.

Bien que les Grecs ayent exécutés des statues en pierre & en marbre, dès les tems les plus reculés, néanmoins le grand usage des figures en bois ou en argile, fit prévaloir le nombre de celle-ci, sur celui des premières, dont l'exécution étoit incomparablement plus difficile; mais après la découverte de la Statuaire, les facilités, les grands avantages qu'elle procuroit à l'Art, lui firent négliger pour un tems le travail du marbre, & l'on donna aux statues en bronze la préférence sur celles de bois & d'argile, toujours moins solides, sujettes à plus d'inconvéniens, & presqu'aussi dispendieuses, par la richesse de la dorure dont on couvroit les unes, & le feu nécessaire pour perfectionner les autres.

Il ne reste aucune statue antique faite en bois, & nous en avons très-peu en ivoire, encore sont-elles d'un volume peu considérable ; je n'en connois que deux grandes en argille. Quoiqu'il existe encore une très-grande quantité de petites figures en bronze, cependant il n'y en a pas cinquante aujourd'hui, à prendre depuis celles qui ont cinq palmes de hauteur, jusqu'à celles qui passent la grandeur naturelle, néanmoins nous en avons plusieurs milliers de ces deux grandeurs faites en marbre. En examinant les noms des Statuaires & des Sculpteurs dont parlent les différens auteurs, je trouve le nombre des uns près de quatre fois plus grand que celui des autres ; & comme le travail des premiers étoit infiniment plus expéditif que celui des seconds, le nombre des grandes statues en *Bronze* a dû ſurpaſſer chez les Grecs au moins cinq à ſix fois celui des ſtatues en *Marbre*. En effet, pour cinq ou ſix des dernières, trouvées dans les ruines d'Herculanum, on y a déterré plus de trente figures de bronze, parmi leſquelles étoient autrefois deux *Quadriges* malheureuſement détruits, & pluſieurs ſtatues beaucoup plus grandes que nature, mais fort bien conſervées.

Le travail de la Statuaire, exigeant, à cauſe des effets du métal, que les parties de ſes figures ſoient plus marquées qu'elles n'ont beſoin de l'être dans celles des marbres, quand l'Art abandonna les détails minutieux introduits par le goût de recherche des tems qui précédèrent la cinquantième Olympiade, les Sculpteurs portèrent dans le travail du marbre, cette prononciation forte & décidée, à laquelle l'uſage de travailler les métaux les avoit accoutumés ; ce qui donna lieu à ce ſtyle dur & roide, conſervé dans la ſuite par les Etruſques, & reproché aux Artiſtes du ſiècle antérieur à celui de Phidias.

Tel fut le ſtyle de Dipœne & de Scyllis : ces Sculpteurs, originaires de l'Iſle de Crète, ſe diſtinguèrent les premiers par leurs ouvrages en marbre, & n'employèrent que celui de Paros, dont les carrières paroiſſent avoir été ouvertes vers la cinquantième Olympiade. Ils firent un grand nombre de ſtatues pour Sicyone, *ville où la Statuaire fut toujours très-floriſſante* : Cléone, Ambracie, Tyrinthe, en poſſédoient d'autres ; mais les plus ſingulières furent celles des Dioſcures, de leurs enfans & de leurs femmes Hilaria & Phœbé. Ces figures, conſervées dans Argos avec les chevaux qui les accompagnoient, étoient en ébéne avec quelques parties en ivoire. Dipœne & Scyllis firent auſſi pluſieurs ſtatues d'Hercule & de Minerve; celle de l'Inde, haute de ſix pieds, tratravaillée en Plaſme d'Emeraude, ſe voyoit encore à Conſtantinople vers l'onzième ſiècle de notre Ere.

La ſtatue du Panchraſiaſte Arrachion, élevée dans Phigalie,

vers la cinquante-quatrième Olympiade, le repréſentant avec des pieds preſque joints, & les mains pendantes le long des côtes, a fait préſumer à quelques Sçavans, qu'à cette époque la Sculpture Grecque n'étoit guère plus avancée que celle des Egyptiens, d'où il leur a paru voir dans cette figure, l'origine & les premiers pas de l'Art; mais la compoſition de cette ſtatue ſingulière étant ainſi diſpoſée, pour montrer le genre de mort de l'Athlète Arrachion, étranglé par ſon antagoniſte, & couronné dans le ſtade d'Olympie, même après ſa mort, cette figure ſymbolique eſt aſſurément bien éloignée de ſervir à montrer le tems où la Sculpture commença, & le pays dont elle ſortit pour venir en Grèce.

Périllus, qui vivoit en Sicile quand on éleva ce monument à Phigalie, exécuta le fameux Taureau de bronze dans lequel le Tyran Phalaris lui fit ſubir le ſupplice cruel, que par un abus indigne de l'Art, il préparoit à d'autres au moyen de cette ſtatue, dont la beauté atteſtée par Ciceron, nous fait encore voir avec combien de perſévérance & de ſuccès les Sculpteurs Anciens ſuivirent l'étude des animaux. Ce Taureau enlevé par Imilcas, fut reſtitué par Scipion à la ville d'Agrigente, après la priſe de Carthage.

Euchir d'Athènes, fils d'Eubulide, vêcut avec Callon d'Elée, & tous deux furent contemporains de Piſiſtrate. Celui-ci, dans ſa jeuneſſe, étoit un des plus beaux hommes de ſon tems, dans les premières années où il s'empara du gouvernement d'Athène, & ſûrement avant celle où il en fut exilé, l'on exécuta dans cette ville la fameuſe ſtatue de Bacchus, dans laquelle on aſſuroit reconnoître les traits de cet homme célèbre par ſon eſprit comme par la douceur de ſes mœurs, & dont l'ambition fut en quelque ſorte juſtifiée par la ſageſſe & la modération de ſa conduite dans le maniement des affaires publiques, & ſous ſon gouvernement, les Arts & les Sciences paroiſſent encore avoir reçu de nouveaux encouragemens dans Athènes, dès-lors cette République eut des Artiſtes ſupérieurs en tous genres.

Euchir d'Athènes & Callon d'Elée, s'adonnèrent à la Statuaire ; l'un réuſſit à repréſenter des Athlètes & des hommes armés ; & comme après la bataille de Marathon, les Grecs abandonnèrent l'uſage de porter des armes en tems de paix, cette circonſtance aide à conſtater l'âge de ce maître, certainement antérieur à l'époque de cette bataille. On voyoit à Phénéon un Mercure exécuté de ſa main. Callon fit pour les habitans de Meſſine, les ſtatues en bronze de trente-cinq enfans, celles de leur conducteur & du joueur de flute dont ils étoient accompagnés, & qui périrent tous en allant par le détroit de Sicile, à Rhégium, s'acquitter d'une cérémonie de dévotion. La ſtatue d'Othryades fut érigée dans le théâtre d'Argos, vers le tems de cet Artiſte : le ſtyle d'une ancienne gravure qui repréſente ce guerrier, nous donneroit une idée plus préciſe de celui de ce ſiècle, ſi elle étoit d'une meilleure main ; car, ſuivant M. Winckelmann, ce ſtyle approche beaucoup de celui qu'on appelle communément Etruſques, & Quintilien aſſure que la manière de Callon tenoit beaucoup de ce même ſtyle.

Bupalus & Antherme de Chio, fleurirent vers la ſoixantième Olympiade ; pluſieurs de leurs ſtatues, tranſportées à Rome par Auguſte, y décorèrent tous ſes édifices. Dans le portrait du Poëte Hypponax, qu'ils expoſèrent à la riſée publique, ces Artiſtes firent la premiere *Caricature* de cette eſpèce ; & comme ils furent contemporains de Theſpis, auteur des premières Comédies, cette invention ſemble lui avoir fourni l'idée de ſubſtituer les *maſques* à la place du *vermillon* dont il couvrit d'abord les viſages de ſes acteurs.

Apollodore d'Athènes, dont les tableaux ſupérieurs à ceux des tems précédens, furent les premiers à ſe faire remarquer, ouvrit une nouvelle méthode à ſon Art. Egéſias & Cléarque furent contemporains, le premier fit les ſtatues de Caſtor & Pollux, retirées des ruines du Temple de Jupiter *Tonnant*, conſtruit par Auguſte; elles ſont maintenant aux deux côtés de la montée du Capitole.

Antenor & Critias exécutèrent dans la ſeconde année de la ſoixante-dix-ſeptième Olympiade, les ſtatues d'Harmodius & d'Ariſtogiton; enlevées depuis par Xerxès, elles furent reſtituées aux Athéniens par Alexandre. Glaucias d'Egine fit auſſi celle de Théagène de Thaze; déjà Myron s'étoit acquis une très-grande réputation; le ſtyle de l'Hercule en marbre qu'on voit à Florence ſous le Portique du Palais *Pitti*, me ſemble indiquer qu'il fut fait dans le tems de ces Artiſtes; c'eſt, avec les Dioſcures d'Egéſias, la plus ancienne ſtatue coloſſale qui nous reſte du commencement des deux plus beaux ſiècles de l'Art.

Une Ode compoſée dans la jeuneſſe d'Anacréon, au plus tard vers la ſoixantième Olympiade, parlant clairement de cette ſorte de Peinture, où l'on employoit le *feu* & les *cires*, nous fait voir qu'alors l'*Encauſtique* étoit en uſage chez les *Rhodiens*, qui vraiſemblablement en furent les *inventeurs* : cet Art eſt donc antérieur d'au moins cent ſoixante ans au tems où Pline, & après lui tous les Modernes, en font remonter la découverte. On voit que l'Art de *Ciſeler* & celui de *Tourner*, étoient déjà portés à leur plus haut point: Mentor, Agragas, Boëthus de Carthage, y excellèrent comme Myron. Ce Statuaire introduiſit un ſtyle plus doux que celui des tems précédens, & fut imité par les plus grands Artiſtes. Canachus, Calamis, Scopas même, poſtérieur d'un demi-ſiècle à ces derniers, s'attachèrent davantage à l'ancienne manière, qui dura juſqu'au tems de Praxiteles. Mais dès celui de Myron, l'*Expreſſion* fut portée à ſon plus haut point; ſa ſtatue de *Ladas* & ſon *Diſcobole* étoient des chefs-d'œuvres en ce genre, ainſi que le *Boiteux* de Pythagore de Léontium, qu'on voyoit à Syracuſe; ce maître exécuta la ſtatue d'Aſtylus de Cortone, vainqueur à la courſe dans la ſoixante-treizième Olympiade & les deux ſuivantes. Zeuxis fleuriſſoit peu avant, & Parrhazius ce dernier, donna à Mys le deſſin qu'il ciſela ſur le bouclier de la Minerve de Phydias, faite des dépouilles des Barbares. Ce grand maître exécuta vers la ſoixante-ſeizième la Nemeſe de Ramnus, avec le marbre même apporté par les Perſes à Marathon, pour y dreſſer un trophée. Vers ce tems-là, Thémiſtocles conſtruiſit le Port de Pirée, à l'extrémité duquel il plaça les beaux lions de marbre qu'on voit maintenant devant l'Arſenal de Veniſe, où ils furent tranſportés d'Athènes, après la priſe de cette ville par le général François Moroſini; quand on érigea ces monumens, l'Art ayant acquis toutes les forces dont il étoit cabable, s'avançoit à grand pas vers ſa perfection.

Coup-d'œil ſur l'état de l'Art, depuis Phidias juſqu'à la cent vingtième Olympiade.

GÉNÉRALEMENT parlant, l'Art atteignit à la ſublimité, quand après avoir découvert les juſtes proportions du corps humain; après avoir inventé la méthode de donner le caractère; après avoir trouvé les moyens d'exprimer toutes les paſſions de l'ame & la penſée même, il parvint en combinant les plus beaux traits de la figure déjà connus du tems de Myron, juſqu'à la *Beauté* purement *idéale*. Par ſon moyen, il put donner aux Dieux une ſorte de beauté ſupérieure à celle de l'humanité, & les repréſenter comme des êtres au-deſſus d'elles par les formes mêmes ſous leſquelles elle eſt ſenſible; c'eſt ce que Phidias ſçut faire dans ſon Jupiter Olympien, dans sa Minerve Lemnienne, & dans celle du Parthenore, chef-d'œuvres immortels, auxquels la Junon d'Argos de Polyclète n'étoit pas inférieure, d'après les principes qu'il publia : cet Artiste fit, vers la quatre-vingt-deuxième Olympiade, la fameuse statue qui, dans la suite, servit de règles à tous les Sculpteurs, & devint le fondement des livres de Ménechme son contemporain : ces livres sont infiniment à regretter, car outre qu'ils étoient écrits par d'excellens Artistes, ils furent publiés dans un tems où l'on connoissoit le sublime de l'Art, & sous les yeux mêmes des maîtres qui l'avoient découvert; leurs successeurs ne les égalèrent pas dans la représentation des figures des Dieux, mais les surpassèrent peut-être dans la représentation des figures humaines. Praxitèle, & Lisippe après lui, descendant de cette sublimité d'idée où Phidias & Polyclète atteignirent, lui substituèrent *les Graces*, dont Apelle, leur contemporain, sçut faire usage, pour conduire la Peinture à la plus grande perfection où elle parvint chez les Grecs. Ces Artistes fleurirent dans le siècle d'Alexandre le Grand. Ce tems est trop connu pour y arrêter mes Lecteurs, ils en trouveront l'histoire dans les livres qui sont entre les mains de tout le monde. Je finirai celle-ci en observant que, vers la cent vingtième Olympiade, l'Art s'éteignit en Grèce; & depuis lors, il ne remonta jamais au dégré où il étoit arrivé dans le tems de Phidias.

De l'Expression.

LOIN de chercher d'abord les raisons de l'*Expression*, l'Art des Anciens n'en conçut que très-tard la possibilité. Dans la découverte de ce qui constitue le *Caractère*, le hasard, comme on l'a remarqué, conduisit à la connoissance des moyens de le le *former* : une longue ſuite de tentatives non interrompues, apprit enfin à trouver dans ce même *Caractère* les fondemens de l'*Expreſſion* ; la théorie faiſant ſentir à l'Art les conſéquences de cette règle, vint dans la ſuite aggrandir ſes vues, & lui montrer la *manière* dont l'*action* ſe forme avec la *méthode* d'en *meſurer* le *mouvement*.

A l'exception des mouvemens *Spontanés*, uniquement dépendans de l'*Organiſation*, tout mouvement dans l'homme eſt ſuppoſé produit par la penſée ou le ſentiment. Bien que de nature très-différente ces deux principes étant également capable de déterminer la volonté dans le langage de l'Art, le mot *ſentiment* fut toujours employé pour exprimer le principe du mouvement qui fait *agir* la figure *inſenſible*, comme ſi elle étoit *animée*, & *ſuſceptible de penſées ou de paſſions*.

Le ſentiment qui *meut* ou *fait agir*, ſe manifeſte par l'action même ; l'exacte repréſentation de cette action eſt le diſcours propre de l'Art. Du juſte rapport de l'action avec le ſentiment rendu ſenſible par la modification des formes extérieures de la figure, en réſulte l'*expreſſion*, toute action d'une figure ſuppoſe donc un mouvement qui en modifie les formes, & la relation de ce mouvement avec un ſentiment. Ainſi différens mouvemens modifiant diverſement les formes d'une même figure, en expriment les différens ſentimens, & produiſent des actions diverſes.

L'objet du *caractère* étant, comme on l'a dit, de repréſenter par les *formes extérieures* le tempéramment & les inclinations du ſujet auquel on l'attribue, l'objet de l'*expreſſion* étant de repréſenter par l'*action de ces mêmes formes*, le ſentiment dont elle eſt l'effet, l'influence du tempéramment ou du caractère ſur la manière de voir & de ſentir, le fit néceſſairement concourir avec la penſée & le ſentiment à modifier l'action ; & telle étoit l'importance de ce *caractère* par rapport à l'Art des Anciens, qu'une fois déterminé dans la figure, il en déterminoit l'*attitude*, ſuivant les différentes circonſtances dans leſquelles on pouvoit la ſuppoſer : ainſi le *caractère* fut regardé par eux, comme le véritable fondement & de l'*Expreſſion* & la ſource de l'*action*.

Dans la ſtatue d'Apollodore, toujours irrité contre lui-même, & mécontent de ſes ouvrages, Silanion ne fit pas ſeulement le portrait de ce Sculpteur, mais celui de la colère même: *Non hominem ex ære fecit, ſed iracundiam*, Pline lib. XXXIV. Le ſeul *caractère* de cette figure put donner l'idée de ſon *attitude* & de ſon *action ;* car comment y eut-on reconnu le *tempérament* d'Apollodore, comme on y reconnoiſſoit ſes *traits*, ſi toutes les parties du corps, d'accord avec celle du viſage, n'euſſent concouru par leur poſition & par leur action à l'*expreſſion* de cette inquiétude, de cette impatience, de cette diſpoſition à la colère qui lui étoit propre ; & ſi tous ſes mouvemens n'euſſent été accordés ſur ſon *caractère*, ou pour mieux dire, déterminés par ce même *caractère ?* Il en étoit ainſi de la Pénélope de Zeuxis, dont on reconnoiſſoit les mœurs dans la figure : telle fut la Nouvelle Mariée, peinte par Echion, remarquable, à ce que dit Pline, par la pudeur naturelle à ſon ſexe dans la circonſtance où elle ſe trouvoit ; ſon attitude & ſon action devoient néceſſairement faire reconnoître cette circonſtance, ſans quoi l'on n'eut pu ſçavoir qu'elle repréſentoit une *Nouvelle Mariée : Verecundiâ notabilis.* Scopas fit pour la ville de Mégare les ſtatues de l'*Amour*, du *Déſir* & de la *Paſſion ;* il faut bien que, du caractère donné à ces figures pour en faire connoître les propriétés & la nature, Scopas ait tiré l'attitude propre à les faire agir, & à les diſtinguer les unes des autres, puiſque ce *grand maître*, au rapport de Pauſanias, *les repréſenta auſſi diverſement que leurs propriétés ſont différentes.*

L'expreſſion ſe formant par *l'attitude* & le *mouvement* de la figure, ce *mouvement* ſe réglant ſur le *ſentiment*, auquel il eſt comme l'effet à ſa cauſe, le *rapport* de l'un à l'autre, dont le mouvement exprime un des *termes*, devint la véritable *meſure de l'expreſſion*. Cette dernière ne tirant pas ſon énergie de la *grandeur*, mais de l'accord du mouvement avec le ſentiment, ſa valeur ne ſe calculoit pas par la *grandeur* du mouvement de la figure, mais par ſa précifion à faire ſentir le ſentiment qui l'occaſionneroit. Ainſi l'*expreſſion* pouvoit être abſolument *nulle*, dans une figure dont le mouvement étoit *très-grand*, & pouvoit au contraire être *très-grande*, dans une autre figure où le mouvement étoit preſque *nul*; telle fut celle *du Satyre dormant profondément*, dont on diſoit qu'il étoit plutôt placé que ciſelé, ſur le vaſe où Stratonicus l'avoit deſſiné : *Quique Satyrum in Phiala gravatum ſomno collocaſſe verius quam cœlaſſe dictus eſt Stratonicus*, lib. XXXIII.

L'expreſſion eſt égale dans l'Athlète d'Agaſias d'Ephèſe, & dans l'Hercule de Glycon, conſervé dans le Palais *Farnèſe*; dans le premier, le mouvement eſt auſſi grand qu'il puiſſe être; dans le ſecond, il eſt très-foible, mais il correſpond également dans l'un & l'autre, au ſentiment ſuppoſé dans leurs figures; car la première eſt dans l'action du plus grand effort dont elle ſoit capable, & la ſeconde, dans l'action d'un repos preſqu'abſolu, légérement troublé par la penſée du Héros qui s'occupe, *même en ſe repoſant*, à méditer des nouveaux exploits.

En conſidérant avec attention ces deux belles ſtatues, on verra que leurs *caractères*, marqués juſques dans leurs moindres parties, en ayant déterminé les attitudes, elles *expriment* par leur *action* un *ſentiment* qui ne convient qu'à ce *caractère*. Dans la *penſée*, dont s'occupe l'Hercule de Glicon, *même en ſe repoſant*, on reconnoît qu'il étoit *infatigable*, comme par la *conſtitution* de ſon corps, on juge qu'il étoit invincible, ce

M 2

qui ne *convient qu'à ce Héros seul.* Dans l'Athlète d'Agasias, dont la figure n'a rien d'idéal, mais est un véritable portrait, on remarque le *caractère* d'un homme capable de la plus grande force, jointe à la plus extrême agilité, qui excitent le *sentiment* actuel de son *courage*, & le rendent capable de plus grands efforts & des entreprises les plus hardies; ce sentiment le fait presque reconnoître : effectivement, en écrivant ceci, cette figure me fait penser à Phayllus de Crotone, dont parle Pausanias, lib. X cap. 9. « Cet Athlète fut célèbre par trois vic-» toires remportées au Jeux *Pythiques*, deux aux *Penthatle*, une » à la *Course*, mais plus illustre par son combat naval contre » les Perses; il fit lui-même le vaisseau sur lequel il embar-» qua tous les Crotoniates, répandus alors en Grèce, on lui » a donc élevé, avec raison, une *statue à Delphes* ». Celle-ci, suivant le discours de Pausanias, étoit la seule qu'on y trouvât de son tems; les trois autres, qui devoient représenter Phayllus comme vainqueur à la *course*, & deux fois au *Penthtale*, en avoient été enlevées, sans doute, avec les *cinq cens statues d'Hommes Illustres & des Dieux*, transportées de Delphes en Italie par ordre de Néron, comme le dit expressément ce même auteur. L'Athlète *Borghèse*, qui représente assurément un *Homme Illustre* par une Victoire au *Penthatle*, & l'Apollon du *Belvedere* qui représente un *Dieu*, apportés l'un & l'autre de Grèce en Italie, furent trouvés ensemble dans la maison même de Néron à Antium, où ce Prince étoit né; cet Athlète paroît donc venir de Delphes; & si, comme je le conjecture, il représente Phayllus de Crotone, dont Hérodote, *lib.* VIII, *n.* 47, compte le vaisseau parmi ceux qui combattirent à Salamine, dans la soixante-quinzième Olympiade, Agasias d'Ephèse, qui fit ce chef-d'œuvre, doit avoir été contemporain d'Onatas, d'Elades & d'Agélades, maîtres de Phidias & de Polyclète.

Cette belle figure peut donc nous donner une idée du grand ſtyle en uſage dans ces tems-là. « C'eſt, dit M. Winckelmann, » la plus ancienne de toutes les ſtatues ſur leſquelles l'Artiſte » a mis ſon nom »; ce Savant regarde la courroye dont ſon bras eſt entouré, comme celle du bouclier qu'elle portoit; mais la grande largeur de cette courroye, peu convenable à celle du bouclier, jointe à la manière dont elle eſt placée ſur le bras qu'elle ſerre étroitement, la fait évidemment reconnoître pour l'extrémité du *gantelet* dont le *Ceſte* étoit formé, comme on le voit dans quelques bronzes d'Herculanum ; & ſi l'Artiſte ne l'a pas employé en entier, c'eſt qu'il a craint d'altérer les formes de ſa figure, que celles de ce *Ceſte* euſſent rendues trop peſantes. De même que le *ſentiment* de cet Athlète, celui du coureur de Myron étoit évidemment pris de ſon *caractère ;* car étant, comme le dit Pauſanias, l'homme le plus *agile de ſon tems*, il étoit naturel qu'il fût rempli de *l'eſpérance de remporter la victoire à la courſe*, ce *ſentiment* correſpondoit néceſſairement au *caractère* de ſa ſtatue, puiſqu'elle étoit le portrait même de Ladas. Ainſi l'on voit qu'en ſachant le tems où fut exécutée cette figure, on eut pu la reconnoître pour celle de Ladas, car ce caractère & ce ſentiment ne convenoit pas plus à toute autre, que les traits dont elle étoit formée. Je laiſſe aux Lecteurs à tirer des conſéquences utiles & pratiques de cette réflexion.

De ce qui précéde, il réſulte que *le rapport du mouvement avec le ſentiment, eſt le principe ſecondaire de l'expreſſion*, le *caractère* détermine la *manière* de l'action, dont ce rapport règle la *meſure ;* l'un fixe l'*attitude*, l'autre marque le *terme* où elle doit atteindre, afin d'*exprimer* le ſentiment qu'elle a pour but de faire comprendre au Spectateur ; l'attitude réglée par le mouvement, correſpondant au ſentiment, rend l'*action complette.* La figure par elle-même ne peut repréſenter que les formes extérieures; mais le *caractère* & *l'action complette* représentant l'ame même, donnent la vie à cette figure.

Toutes les règles qu'on peut imaginer pour donner *l'expression*, ne sont que des *conséquences* & des *applications* de ces deux principes que nous allons chercher à développer. Par leur moyen, l'Art des Anciens entreprit à la fois les choses les plus extraordinaires & les plus sublimes: *Evecta supra humanam fidem ars est successu, mox & audacia. Il fut porté à un dégré incroyable de succès, & son audace égala bientôt ses progrès.* « Je n'apporterai, ajoute Pline, qu'un seul exemple de ses succès, » encore ne le prendrai-je pas des statues qui représentent des » Dieux ou des hommes. Avant l'incendie du Capitole par » les partisans de Vitellius, nous avons vu dans la Chapelle » de Junon, un Chien de bronze léchant sa playe; la pro- » digieuse beauté de cette statue, & son *incroyable* ressemblance » avec la nature, *cujus eximium miraculum, & indiscreta veri-* » *similitudo*, peuvent se comprendre, non-seulement de ce qu'il » étoit consacré dans un lieu si auguste, mais de la manière » nouvelle dont on en assura la caution: car comme on esti- » moit que rien ne pouvoit la payer, un décret public obli- » gea ceux qui l'avoient en garde, d'en répondre sur leur vie ». Ces progrès de l'Art font dire à Pétrone, que Myron avoit *presque* donné *l'ame* ou la *vie* aux hommes & aux animaux représenté dans ces statues: *Pœnè hominum animas ferarumque aere comprehenderat.*

L'expression prenant sa source dans le *caractère* même de la figure, ce n'étoit chez les Anciens, ni le *sentiment actuel* de l'Artiste, ni celui de ses modèles qu'elle faisoit connoître, à moins cependant qu'elle ne les représentât comme le *Discobole* & le *Stadyodrome* Ladas, dont on a parlé ci-dessus; mais cette *expression* rendoit le *sentiment* propre de la figure même en qui ce *caractère* étoit supposé. L'endroit d'où l'Apollon du

Belvedere fut anciennement transporté, paroît nous assurer que ce n'est pas celui qu'on appelloit *Agreus* ou le *Chasseur*, mais qu'il représente en effet, comme on le dit communément, ce Dieu venant de lancer ses traits contre le Serpent Pithon, dont il délivra le voisinage de Delphes appellé *Pitho*, au tems d'Homere : cette statue, qui semble être un monument de la reconnoissance des habitans de cette ville fameuse, représente donc l'Apollon qu'on appelloit *Pythien.*

Le *caractère* de ce Dieu, dont nous avons fait voir la *forme primordiale*, a déterminé l'attitude & le sentiment de sa figure, la plus belle, la plus svelte, la plus active dont on puisse concevoir l'idée. Plus prompt que la flèche qu'il vient de tirer, assuré qu'elle atteindra le but qu'il s'est proposé, cet Apollon n'a pas encore baissé le bras dont il soutient son arc, que déjà il continue sa marche ; rien n'est capable de l'arrêter, il s'avance avec une rapidité inexprimable. Au *mépris* contre ce monstre terrassé, mépris clairement exprimé dans sa physionomie, se joint le *sentiment* actif de son *caractère* : ce *sentiment déterminant son mouvement progressif*, en règle *l'action*, il *plane* sur la terre, ce n'est pas un *homme*, mais un *Dieu* qui se meut, qui *agit* sous une forme humaine ; & pour me servir des termes d'Homere, sa marche est aussi agile que la pensée. Je ne dois pas m'étendre ici sur toutes les parties de l'expression, & les beautés sans nombre de cette statue sublime ; mais je dois observer que l'on y trouve l'emploi des deux principes fondamentaux, dont nous avons parlé, & que le second paroît n'y être que subsidiairement au premier.

L'attitude & *l'action*, ainsi tirées du *caractère* & du *sentiment*, étant par conséquent d'accord avec leur objet, ne pouvoient jamais être *gênées ;* & si le *Discobole* de Myron, décrit par Quintilien, lib. XI. cap. 10, sembloit avoir quelque chose de forcé, c'est que dans l'effort à faire pour jetter le *Disque*, *l'expression* demandoit qu'il en fît sentir *tout le poids*, & la mesure du mouvement de son corps, de sa tête, de ses bras & de ses jambes, devant exprimer la *distance* où il étoit du but qu'il se proposoit de toucher, plus ce *poids* étoit supposé *grand* & ce *but éloigné*, plus l'effort devoit être marqué : le mot *distortum* employé par cet auteur, regarde donc *l'expression* tirée de cette position *violente* en toute autre occasion, mais naturelle en ce cas ; le mot *elaboratum* regarde le *style* employé dans la figure, dont toutes les parties étoient fortement ressenties. Ainsi le *Doryphore*, que Lysippe disoit avoir été son précepteur, & dans lequel Polyclète avoit exprimé la *virilité dans un âge encore tendre*, Doryphorum, Viriliter Puerum, devoit avoir une *expression* absolument différente de celle de ce Discobole, dont le *sentiment actuel* paroît avoir totalement déterminé *l'action*, au lieu que dans le *Doryphore*, le sentiment & l'action paroissent avoir été totalement pris du caractère qui forçoit la jeunesse à prendre l'air de la *Virilité*, sans cependant en altérer les formes *caractéristiques* ; les Anciens observèrent toujours de faire prévaloir le *caractère* sur le *sentiment*, dans les figures des Dieux, des Héros, & dans celles des Hommes les plus distnigués, tandis que le sentiment influoit souvent plus que le *caractère* sur les figures ordinaires, dont les actions sont aussi d'un genre moins élevé.

De-là résultoit une règle constamment suivie, à laquelle le Principe Secondaire fut toujours subordonné, c'est que dans tous les grands sujets, mais particuliérement dans les Dieux & les Héros, *l'expression* du *sentiment* ne fut jamais portée jusqu'au point où, dérangeant la *beauté* des formes, elle eut commencée à diminuer *l'intérêt* que cette *beauté* donne nécessairement pour la figure ; on regarda cet *intérêt* comme un des principaux objets de l'Art, auquel on devoit assujettir les bornes de *l'expression*, comme on le voit particuliérement dans les

les Niobé & le Laocoon, où la plus extrême douleur semble respecter la *beauté*, & laisse entrevoir ce caractère noble & grand qui conserve à l'ame toute sa supériorité sur les passions & les affections du corps.

Dans les sujets plus communs, où *l'intérêt* donné par la figure, se tiroit moins de sa *beauté* que de *l'énergie* du *sentiment* dont elle étoit supposée affectée, *l'expression* ne connoissoit de bornes que celles du mouvement qui mesuroit ce sentiment ; & comme elle n'étoit gênée par rien, elle pouvoit se porter aussi loin que cette mesure le permettoit : telle elle étoit, sans doute, dans le blessé mourant de Ctésilaus, où l'on sentoit combien il lui restoit de vie : *Vulneratum deficientem in quo possit intelligi quantum restet animæ.* Je crois, malgré tout ce qu'on a dit au contraire, que la figure ou marbre connue sous le nom de Gladiateur mourant, est une copie de ce blessé, jetté en bronze par Ctésilaus : le sentiment ne craignant pas d'altérer la beauté des formes de cette statue, qui sont en effet très ordinaires, se marqua jusques dans ses cheveux qui se hérissent sur sa tête. *L'intérêt* donné par cette sorte d'*expression*, fut poussé au-delà de la vraisemblance, dans la figure du *Boiteux* de Pythagore de *Léontium* qu'on voyoit à Syracuse ; car cette expression y étoit tellement ménagée, qu'*en le voyant*, *on croyoit ressentir la douleur même de l'ulcère dont il étoit affligé : Claudicantem*, *cujus ulceris dolorem sentire etiam spectantes videntur.*

Sous le Portique du premier étage de la ville *Borghèse*, on trouve un groupe dont les figures ont environ deux pieds de hauteur ; il représente un Satyre occupé à tirer, avec beaucoup de précaution & de dextérité, une épine entrée dans le pied d'un Paysan ; la *crainte* d'augmenter la douleur de celui qu'il veut soulager, clairement *exprimée* dans ce Satyre, le *dégré de douleur* que ressent le blessé, également bien exprimé dans toute son action, feroient partager sa peine au Spectateur, si cette figure, traitée d'un ſtyle moins dur & d'une manière moins heurtée, étoit de grandeur naturelle; car quand les ſtatues ſont inférieures à cette grandeur, l'intérêt qu'elles pourroient donner en eſt beaucoup diminué, comme il l'eſt dans celles dont la hauteur ſurpaſſe la meſure ordinaire de la ſtature humaine; mais ces dernières acquérant par-là même plus de dignité & de majeſté, en impoſent davantage, ce qui les fit choiſir, comme nous l'avons dit, pour repréſenter les Dieux & les Héros.

Les *inclinations* ou le *tempérament* variant ſuivant *l'âge* ou le *ſexe* de la perſonne, & le caractère propre à les indiquer déterminant *l'attitude*, il doit néceſſairement en donner de différentes en raiſon de toutes ces *variations*, comme le ſentiment qui fixe la *meſure* du mouvement, doit auſſi la changer ſuivant ces différentes circonſtances. De-là réſultent les moyens de varier la même *expreſſion* d'une infinité de manières. Dans la terreur commune à toute la malheureuſe famille de Niobé, Scopas, en la repréſentant dans le beau groupe maintenant tranſporté de Rome à Florence, a répandu les différentes *expreſſions* de la frayeur dans toutes ſes figures ſelon leur âge, leur ſexe, & à proportion du dégré de *ſentiment* dont il a cru devoir affecter le *caractère* de chacune d'elles. Plus allarmée que ne le ſont ſes ſœurs, la plus jeune des filles de Niobé ſe jette aux pieds de ſa mère, l'embraſſe, ſe tient collée contre ſon ſein, implore un ſecours qu'elle ne peut en recevoir; une autre plus âgée cherche dans la fuite une ſureté impoſſible à trouver, contre la vengeance des Dieux impitoyables; le ſentiment de ſon malheur, la vue d'une mort inévitable, le peu d'eſpoir de s'y ſouſtraire, rendent ſes pas douteux, ſa démarche incertaine; une troiſième reſte immobile & comme *pétrifiée*. Accablée de l'infortune de ſes enfans, Niobé ſemble privée de ſentiment pour elle-même, elle ne ſent plus à force de ſentir, elle ne cherche pas à fuir une mort aſſurée, mais à retarder de quelques momens celle de ſa fille, en la couvrant de ſon corps, & de ſon voile: par cette foible défenſe, l'Artiſte a ſçu faire connoître l'inutilité des efforts de cette tendre mère, & l'égarement de ſon eſprit. Ses fils, dont la conſternation égale celle de leurs ſœurs, montrent plus de fermeté ou moins de crainte, chacun ſuivant ſon âge & ſon tempérament, la même paſſion ſe diverſifie dans ces ſtatues en cent façons différentes : ainſi Timante épuiſa, dit Pline, toutes les images de la triſteſſe dans les figures de ſon Tableau d'Iphigénie, & particuliérement dans celles de ſes proches: *Cum mœſtos pinxiſſet omnes, præcipuè patruum, & triſtiœ omnem imaginem conſumpſiſſet.* Il faut donc que ces images de triſteſſe ayent été relatives à l'état de *proximité* & à *l'intérêt* que les aſſiſtans étoient ſuppoſés prendre à la victime infortunée : cette *relation* étoit ſi marquée, qu'il ne reſta plus de reſſource au Peintre pour l'*exprimer* dans le *caractère de père & de Roi*, & qu'il fut obligé de couvrir d'un voile le viſage d'Agamemnon, laiſſant à comprendre, par ce moyen ingénieux, l'inexprimable conſternation qu'il ne ſe croyoit pas en état de peindre à ſon gré.

Le *caractère* donnant les *attitudes* & le *ſentiment*, fixant la meſure du mouvement en raiſon de l'âge & du ſexe, les *varièrent* auſſi, ſuivant les rappors *des différens états* dans leſquels on ſuppoſoit les ſujets; car ces *états* étoient ſuppoſés influer ſur leurs inclinations, comme ſur leur manière de voir & de ſentir; & pour mieux *rendre* les différentes paſſions, les Anciens cherchèrent quelquefois leurs ſujets mêmes dans les états qui en paroiſſoient le plus ſuſceptibles. Ainſi, pour repréſenter *le deuil & l'affliction*, Praxitèle choiſit une *Matrone éplorée*, comme il prit une *Courtiſanne* pour repréſenter la *joye* & l'*allégreſſe*; l'*attitude* & l'*action* de cette ſtatue, qu'on penſoit être celle de Phrynée, s'accordoient tellement au *sentiment* de son état, & répondoient si bien à son *caractère*, qu'on croyoit y reconnoître dans l'exécution *l'amour de l'Artiste qui l'avoit faite, & la reconnoissance dans le visage de cette Courtisanne* : le seul *accord* de ces choses faisoit juger que cette statue pouvoit être celle de la maitresse de Praxitèles ; car par les paroles de Pline : *Hanc putant Phryneus fuisse*, il est clair que les Anciens ne la jugeoient telle, que parce qu'ils pensoient les y observer : *Deprehenduntque in ea amorem Artificis & mercedem in vultu meretricis* ; ils jugeoient donc sur les mêmes fondemens employés ici pour reconnoître la figure de Phyllus dans celle de l'Athlète d'Agasias.

Les Anciens donnérent des âges différens à chacune de leurs Divinités des deux sexes, & partagèrent entr'elles les trois *Périodes* comprises entre l'enfance & la vieillesse, entre la foiblesse & l'impuissance ; ces *Périodes* sont, pour ainsi dire, les bornes de l'existance active, elles marquent les saisons les plus agréables de la vie. L'Amour & Psyché, Saturne & Rhéa, en étoient les premiers & les derniers termes, comme nous le montrerons en parlant de la beauté *caractéristique* des différens Dieux ; mais comme une même Divinité prenoit souvent des titres différens, l'Art se servit du caractère particulier à ces différens âges, pour exprimer ces titres dans ses figures, indépendamment des attributs qu'il leur donna ; de-là vint qu'on eut des statues du même Dieu plus ou moins âgé, & par cette circonstance, l'*expression* de la Sculpture peut nous apprendre à reconnoître dans ces mêmes statues, les dénominations qu'elle voulut *exprimer*. Ainsi Vénus *Apostrophia*, à qui l'on adressoit des vœux pour être préservé des desirs illicites, Vénus, *Uranie* ou *Céleste*, & celle qu'on appelloit *Vulgaire*, étoient représentées en des âges différens, sans passer néanmoins au-dessous du terme de la *puberté*, & au-dessus de celui où le corps a pris toute la *croissance* dont il est capable. On voit deux figures de cette Déesse dans la *Galerie de Florence;* (1) la plus belle, si connue sous le nom de Médicis, me paroît être la Vénus *Uranie*, dont l'âge approche davantage de celui de Minerve, c'est-à-dire, de *la Sagesse.* Quoi de plus digne en effet de représenter les plaisirs *Célestes*, que la *beauté* la plus pure, jointe à la *pudeur exprimée* dans son *attitude*; l'autre beaucoup plus jeune, drappée du milieu du corps en bas, est la Vénus *Apostrophia;* son âge encore trop tendre, éloigné des désirs déréglés, comme on s'éloigne d'un fruit qui n'a pas encore acquis toute sa maturité, celle-ci porte un *Diadême*, symbole du respect qu'elle semble exiger par son *âge* & par son *action.* Scopas représenta la Vénus Vulgaire à Elis, elle étoit assise sur un bouc; son âge, que nous ignorons, étoit, sans doute, entre celui des deux précédentes.

L'Apollon du *Belvedere* ou le *Pythien*, qui, je crois, est le même que l'*Acacesius* & l'*Alexicacus*, paroît de l'âge de trente-six ans : celui de *Médicis* n'en ayant que vingt ou vingt-deux, représente l'Apollon qu'on appelloit *Philésius;* il présidoit à l'Amitié comme à l'Amour, dont son bras mollement reposé sur sa tête, est le *signe.* Cette charmante figure, ainsi que la Vénus *Uranie*, placée à côté d'elle dans la *Galerie de Florence*, semble être de *Philiscus de Rhodes*, car l'une & l'autre furent découvertes dans les *Portiques* d'Octavie, & Pline dit, *qu'on voyoit dans le Temple de Junon, in porticibus Octaviæ*, une Vénus de ce Sculpteur, avec plusieurs statues de Praxitèles, dont il fut vraisemblablement contemporain. Dans le Temple d'Apollon, situé près du même endroit, *ad Octaviæ porticum*, il y avoit deux figures de ce Dieu, faites par le même *Philiscus*, dont l'une étoit nue, c'est celle dont on parle ici. Elle est en effet digne du ciseau qui fit la Vénus de *Médicis.* Cette dernière doit avoir appartenu aux Rois de

(1.) Voyez le *Museum de Florence, Tome III*, *Edit.* de David.

Macédoine ; car elle fut vraisemblablement apportée à Rome par Métellus, qui construisit le Temple de Junon, dans lequel on l'a trouvée, & où il plaça les figures en bronze des amis d'Alexandre tués au passage du Granique ; & ces statues, exécutées par Lysippe, furent enlevées de *Pella*, ville capitale de la Macédoine. L'Apollon de *Philiscus* paroît avoir été transporté en Italie, vers le tems d'Auguste, car Philippe construisit le Temple des ruines duquel on l'a déterré : la fortune a réuni de nos jours ces deux précieux morceaux, qui nous donnent l'idée de la belle manière employée vers la cent quatrième Olympiade.

Le *caractère* & le *sentiment* variant les *attitudes* & les *mouvemens* de la figure, en raison de l'*âge*, du *sexe*, de l'état même des personnes en qui on les suppose par une conséquence des mêmes principes, ils les varieroient de nouveau, si le sujet, au lieu d'être affecté d'un seul sentiment, l'étoit de plusieurs agissans tout à la fois, les divers mouvemens occasionnés par ces différentes affections devant alors mesurer une action plus composée, se porteroient dans l'action des parties les plus capables de concourir à l'*expression* de chacune de ces affections en particulier, ce qui réduiroit cette expression composée aux règles de l'expression simple. Le fameux groupe du Laocoon, anciennement placé par Titus dans les *Thermes*, qu'il contruisit près de sa maison, *in Titi domo*, se voit maintenant dans une des cours du Vatican. Ce chef-d'œuvre exécuté par Agésander, Polydore, & Athénodore, tous trois Rhodiens, fut toujours regardé comme le plus beau morceau de l'Art des Anciens. C'est en effet celui dont la figure principale est agitée d'un plus grand nombre d'affections différentes également bien exprimées. La tendresse paternelle la plus touchante, l'indignation la plus juste, l'affliction la plus profonde, la magnanimité la plus sublime, s'y trouvent réunies à la douleur la plus violente, la plus excessive, la plus insupportable. Le *caractère* de Laocoon est celui d'un bomme robuste, exercé, courageux, sensible, ferme, & dans la force de l'âge; sa figure est mesurée sur les proportions les plus sages; & les traits de son visage sont modelés sur les plus belles formes. Je me souviens d'avoir autrefois ouï dire à M. Mengs, avec qui j'admirois cette statue, qu'en les décomposant, en remettant les traits de son visage dans l'état de tranquillité, d'où l'extrême agitation de l'ame & du corps les a tirées, la beauté de Laocoon égaleroit en ce genre celle de l'Apollon même; j'en vais donner la description admirablement bien faite par M. l'Abbé Winckelman, afin que l'on voye la source des principes que je viens de donner, car bien que ces principes ne soient pas dans son livre, sans m'étendre davantage, on les reconnoîtra facilement dans l'exécution même du Laocoon, tel qu'il est décrit.

« Laocoon nous offre le spectacle de la nature humaine dans » la plus grande douleur dont elle soit susceptible, sous l'image » d'un homme qui tâche de rassembler contre elle toute la » force de l'esprit. Tandis que l'excès de la souffrance ensle » les muscles, & tire violemment les nerfs, le courage se mon- » tre sur le front gonflé : la poitrine s'élève avec peine par la » nécessité de la respiration, qui est également contrainte par » le silence que la force de l'ame impose à la douleur qu'elle » voudroit étouffer, ou du moins concentrer au-dedans sans » la laisser éclater au-dehors. Les soupirs qu'il n'ose exhaler, » & l'haleine qu'il retient, épuisent le bas-ventre & creusent » les côtés, ce qui nous fait, pour ainsi dire, juger du mou- » vement des intestins; sa propre souffrance le tourmente moins » que celle de ses enfans qui ont les yeux fixés sur leur père, » & le prient de les secourir. On voit la tendresse paternelle » peinte dans ses regards, & la compassion y semble comme » une vapeur sombre. Son air est plaintif, & non criard : sa

» vue élevée vers le Ciel, en implore l'assistance ; moins pour » lui que pour ses enfans ; sa bouche est pleine d'anxiétés, » pour ainsi parler, la lèvre inférieure est fatiguée de la con- » trainte qu'il se fait. La supérieure tirée en haut, semble » obéir au sentiment de la douleur, & l'ensemble de l'ou- » verture de la bouche forme un mouvement mêlé d'indigna- » tion excitée par la pensée d'une souffrance qu'il n'a point » méritée. La lèvre supérieure remonte jusqu'au nez, l'enfle, » & fait voir les narines étendues & élevées, ou plutôt tirées » en haut. Ce combat violent entre la nature qui souffre, & » l'esprit qui se roidit contre la douleur, se montre peint sur » le front avec la plus grande sagesse. Tandis que la violence » des tourmens rehausse les sourcils, la résistance rabaisse » la chair qui est au-dessus de l'œil contre la paupière supé- » rieure, de façon à la dépasser & la cacher presqu'entiére- » ment. L'Artiste ne pouvant embellir la Nature, s'est atta- » ché à la déployer, à la montrer dans les plus grands efforts » de sa puissance. Là où est le siége de la plus grande douleur, » se trouve aussi la plus sublime beauté. Le côté gauche où le » serpent, par sa morsure cruelle, a répandu son venin mortel, » est la partie qui doit le plus souffrir par sa proximité du cœur, » & l'action du poison. L'Artiste y a mis aussi le plus grand » trait de sensibilité ; & cette partie peut être appellée un pro- » dige de l'Art. Ses jambes semblent faire un mouvement pour » le soustraire à son malheur. En un mot, aucune partie du » corps n'est en repos, & les coups même du ciseau aug- » mentent l'expression de la peau ridée par le tiraillement uni- » versel de tous les muscles & de tous les nerfs ».

Par l'exemple de cette admirable statue, comme par une suite des principes *primordiaux*, vu la mobilité & la corres- pondance de toutes les parties du corps humain, il n'en est aucune qui ne puisse concourir à l'*expression*, car elles doivent

nécessairement

nécessairement participer toutes à l'*attitude* & à l'*action* de la figure ; c'est pour cette raison que les Anciens se déterminèrent à peindre & à sculpter la plûpart de leurs figures nues, ou firent leurs draperies transparentes, pour ne rien ôter à l'*expression* du mouvement des parties qui peuvent y contribuer. Les peintures d'Herculanum, assurément faites dans le tems de la décadence de l'Art, ne laissent pas d'avoir des choses excellemment bien *exprimées*, d'où je les crois copiées d'originaux beaucoup meilleurs qu'elles ne le sont. Le Centaure Chiron & le Pan, dans l'acte d'enseigner, l'un à toucher la lyre au jeune Achille, l'autre à jouer de la double flute à Olympus, semblent imités des statues qu'on voyoit à Rome dans les *Septa Julia*. On remarque dans les *bras* de Chiron, *l'impatience* très-savamment *exprimée* dans ses *yeux* & dans tout son *air de tête* : mécontent de son disciple, il vient de lui arracher le *Plectrum ;* dans sa main qui se porte avec vivacité sur les cordes de la lyre, le Peintre a marqué ce *sentiment d'impatience* qui tient le jeune Achille dans une sorte de consternation, & le rend moins attentif à la leçon qu'il reçoit ; ce même *sentiment* est aussi bien rendu dans toute la partie *animale* du Centaure, que dans son bras, sa main & les traits de son visage, car la jambe droite du cheval se relêve, sa queue & ses oreilles s'agittent, comme ces parties ont coutume de le faire dans les cheveux, quand ils éprouvent quelque mal-aise. (1)

Cette expression est encore bien conservée dans un petit tableau *du premier Volume du même Recueil* ,on y voit une jeune Bacchante surprise par un Faune dans un lieu solitaire, au milieu des rochers couverts de mousse ; elle vouloit s'échapper, mais déjà il l'a renversée, & lui soutient la tête de *crainte* qu'elle ne se blesse ; la main, le bras de ce Faune qui se retire avec précaution contre son corps, son dos,

(1) Antiquités d'Herculanum, par David. *Tom. I. Planche* 27.

son pied même *expriment* ce sentiment actuel de *crainte.* Il se courbe pour donner un baiser ; l'intempérance est dans ses yeux & sur ses lèvres, à peine ses doigts suffisent à l'ardeur avec laquelle il presse le sein de sa maitresse ; vous diriez qu'ils s'agitent en le touchant ; sa queue en mouvement répond au sentiment délicieux que ses doigts éprouvent. L'émotion de la jeune Nymphe rend ses yeux languissans, ils s'attachent sur son amant, sa bouche s'entr'ouvre, ses narrines s'enflent, son bras se place avec volupté sur la tête de son amant, & semble vouloir s'approcher de ses lèvres : cette volupté, qui fait élever son genoux, est répandue dans toutes les parties de son corps, elle sépare l'orteil du doigt dont il est voisin, & marque par *l'action* du pied qui se roidit, le sentiment, ou plutôt la sorte de desir qui produit cet effet. Ce morceau plein de feu, mais un peu incorrect, semble peint au premier coup, je le crois une réminiscence de ces tableaux de Nicomachus, qui représentoient des Satyres enlevant des Bacchantes : *Nobiles Bacchas, arreptantibus Satyres*, & dans sa touche expéditive, on entrevoit l'imitation de celle de ce Peintre, duquel Pline dit : *Nec fuit aliùs in Arte velocior* (1).

Des Organes, des Sens par rapport à l'Expression.

LA *réaction* des *sentimens actuels*, ou des mouvemens de l'ame sur les *organes des sens*, aux impressions desquels ces mouvemens sont presque toujours relatifs, en *modifiant les formes extérieures* de ces mêmes *organes*, les fait naturellement concourir à *l'expression* des *affections* dont la figure est supposée susceptible dans la circonstance où on la fait agir.

---

(1) Peintures d'Herculanum de David, *Tome I. Planche* 58.

L'*éclat* plus ou moins grand de l'*œil*, les divers *sons* de la *voix expriment* dans l'homme *le sentiment* de ce qu'il *voit*, de ce qu'il *entend*, & même ce qu'il *pense* ou ce qu'il *desire*. La faculté de s'exprimer par cet éclat des yeux, & les accens de la voix manquant absolument aux figures insensibles de l'Art, elles ne peuvent faire comprendre ce qu'on les suppose voir, entendre, sentir, penser, craindre ou desirer, que par la *modification des formes extérieures des organes des sens*, & *par le juste accord de leurs mouvemens*, avec *celui des parties agissantes dans l'attitude* donnée par le caractère, & réglée par la mesure de l'action. Cet *accord* peut seul indiquer le *motif* qui fait mouvoir ces organes, & c'est la connoissance de ce *motif* qui donne celle de la nature de l'action; ainsi l'expression des organes des sens, & par conséquent celle qui se tire de la physionomie, est nécessairement fondée sur les mêmes principes qui produisent l'expression de toutes les autres parties de cette figure.

Lysippe représenta dans la figure d'Alexandre, le *caractère*, la *forme*, les *habitudes*, *l'esprit* même de ce Prince insatiable de gloire & de conquêtes, & fit voir, ajoute Plutarque, son *courage de lion dans les traits mâles de son visage. Par* l'accord *des parties* agissantes *dans l'attitude de cette figure*, *avec* l'action *de ses yeux tournés vers le Ciel*, auquel elle sembloit *adresser la parole*, le Statuaire *exprima* si bien le *sentiment actuel* d'immense ambition dont il la supposoit affecté, qu'elle fit naître l'idée de cette inscription rapportée par Plutarque, comme très-convenable à l'*expression* de la statue qu'elle faisoit parler; *ce bronze, en regardant le Ciel, semble dire à Jupiter, je soumets la terre à mes loix, & veux bien te laisser gouverner l'Olympe;* ainsi Appelles en peignant ce même conquérant dans l'*attitude* d'un Jupiter la foudre en main, avec l'*air* & le *regard* du maître des Dieux, fit dire que son Alexandre étoit inimitable, comme celui de Philippe étoit invincible.

Le *goût* & l'*odorat*, susceptibles d'impressions qui occasionnent en nous des *sensations* agréables ou désagréables, par l'application immédiate des corps capables d'agir sur eux, ont rarement *action* dans la figure, eu égard aux *modifications* que ses parties peuvent recevoir de pareilles *sensations* : ces deux sens n'y agissent presque jamais, que par l'*analogie* de ces *impressions* agréables ou désagréables, avec les *sentimens* de plaisir ou de peine, de desir ou de crainte éprouvés par l'ame dans ses différentes affections : en conséquence de cette analogie, les *organes extérieures du goût & de l'odorat, comme celui du toucher*, agissent & concourrent avec ceux des autres sens à l'expression des sentimens supposés à la figure. Ainsi, dans l'Apollon *Pythien du Belveder*, les *sentimens actuels* de mépris & d'indignation contre le Serpent qu'il vient de tuer, se montrent par un léger mouvement de nez & de la bouche, précisément comme si cette statue, ou le Dieu qu'elle représente, étoient légérement affectés des *sensations* causées par quelque *odeur* ou quelque *saveur* peu agréable; le *motif* de cette expression s'expliquant par l'*attitude* & l'action de la statue, fait que l'esprit ne confond pas ces affections avec celles que produiroient les ébranlemens du goût & de l'odorat, & qu'il y reconnoît clairement le mépris & l'indignation qui font prendre à ces organes la forme la plus convenable à les lui faire comprendre.

L'*ouie* & la *vue* sont les organes propres de l'*attention* & de l'*intelligence*, comme le *toucher*, qui rectifie les erreurs de l'une & de l'autre, semble être l'organe propre du *jugement*. Les deux premiers, pour nous communiquer les impressions des objets éloignés, les approchent, pour ainsi dire, en cherchant à s'en rapprocher eux-mêmes, par les inflexions qu'ils donnent à la tête, vers les endroits d'où viennent les *sons* & les *images visibles*, auxquels on *fait attention*, ou qu'on veut connoître; ces organes mus par le *sentiment actuel*, déterminent ainsi l'action de la tête dans l'ordre & la mesure suivies par l'action des autres parties, avec lesquels il accorde & concerte leurs mouvemens, dont il réduit, comme on voit, l'*expression* aux règles établies ci-dessus par rapport à ces dernières.

A la *Plan.* 86 *du premier Vol.* des *Peintures d'Herculanum* (1), on voit un jeune homme dont le bras s'appuie sur l'épaule d'une femme de Centaure; tous deux se meuvent en cadence, ou plutôt sautent ensemble au son d'une *lyre*, & des *crotales* ou *plateaux d'airain*; le jeune homme frappe l'un de ces plateaux contre l'autre, suspendu en l'air par la Centaure: le genoux droit de celle-ci se replie, sa jambe de ce côté a plus d'action que celle du montoir, parce qu'elle bat la mesure avec le pied, conjointement avec son compagnon: le tems de tous leurs mouvemens se règle sur cette mesure, à laquelle ils sont *très-attentifs*: *l'attention* fait prendre à la tête de la Centaure une légere inflexion, qui, la rejettant en arrière, *approche son oreille* de la lyre d'où part le son; sa bouche reste fermée, mais par l'action de ses lèvres, l'allongement du bas du visage & l'élévation des joues, on voit que ses dents sont supposées entr'ouvertes, comme quand on écoute des sons peu éloignés. L'œil de cette figure s'ouvrant autant qu'il est possible, comme il le feroit pour recevoir l'impression d'un objet fort distant ou peu éclairé, *exprime* l'attention la plus marquée au tems de l'air qu'elle exécute sur la lyre; le jeune homme de son côté, fixe la vue sur cet instrument, sa tête s'incline un peu vers les *crotales* qu'il fait raisonner, sa bouche est ouverte, & son corps se courbe en se portant en avant

(1) Antiquités d'Herculanum, par David, *Tome I.*

pour ſuivre les mouvemens de ſa compagne, & ne pas manquer la rencontre de la *crotale* qu'elle lui préſente de haut en-bas.

L'accord du mouvement des formes des organes extérieurs des ſens avec les mouvemens de la tête, du viſage & de tous les membres de ces deux figures, eſt tellement ſenſible, que, ſi vous en ôtiez les bras, par exemple, vous ne concevriez plus la raiſon pour laquelle les têtes ſont ainſi inclinées, & dès-lors une partie de l'expreſſion feroit perdue; car vous ne pourriez connoître le *motif* de *l'action* & l'*objet du mouvement*, dont, par conſéquent, il vous feroit impoſſible d'eſtimer la *meſure*: néanmoins la jambe droite de la Centaure ſe pliant pour marquer le *tems* des parties de cette action, & celle du jeune homme concourant à la même fin, ces deux figures, privées des bras, garderoient encore l'*expreſſion* des mouvemens de la danſe; mais on croiroit alors que ces mouvemens feroient ſuppoſés réglés ſeulement par le battement de leurs pieds; & comme cette ſuppoſition feroit fauſſe, la raiſon de l'action de ces deux têtes reſteroient incertaine, par conſéquent indéterminée & d'une *expreſſion équivoque*.

A la *Plan.* 65 *du Livre d'Herculanum* (1), on voit une *Danſeuſe* dans une attitude très-agréable; la direction de ſes yeux, & la poſition de ſa tête, un peu inclinée vers le côté d'où part le ſon de l'inſtrument ſur lequel elle règle ſes pas, indiquent le côté où il eſt cenſé placé; par l'agrément des mouvemens de cette danſe, dans leſquels tout eſt gracieux, on ſent que c'eſt un air doux & grave tout à la fois que cet inſtrument eſt ſuppoſé exécuter; mais à la promptitude des mouvemens des Danſeuſes, repréſentées *Planche* 69 & 71 du même Vol., on s'apperçoit qu'ils ſont concertés ſur un air, dont la meſure plus preſſée & plus audante, exige une action plus vive. Auſſi l'une eſt dans l'acte du ſaut, & l'autre dans celui de ſauter en tournant. On obſerve dans les organes de l'ouïe & de la

(1) Antiquités d'Herculanum, par David, *Tome I.*

vue de ces deux dernières figures, la même attention & le même accord avec toutes les parties de l'attitude, que dans les sujets précédens ; au moyen de ce concert de toutes les parties de l'attitude avec les organes des sens, les Anciens parvinrent à exprimer, en quelque façon, jusqu'à la valeur des sons qu'ils supposoient être la règle de l'action de leurs figures, & dont on pourroit citer un très-grand nombre d'exemples.

De tous nos sens, la vue est celui qui nous communique les impressions des objets les plus éloignés, qui agit sur un plus grand nombre de ces objets, & qui en conserve aussi plus long-tems les impressions. De-là vient qu'il est le plus *réactif* de tous les sens, & par-là même celui qui contribue davantage à l'*expression* des mouvemens de l'ame, & par conséquent à celle de la figure destinée à en paroître affectée. L'ouïe par lui même est un sens *passif* & *muet*, mais il devient *réactif* par le moyen de la *parole*, d'où vient qu'après les *yeux*, les *lèvres* sont les parties de la physionomie qui concourrent le plus à l'*expression ;* & comme par l'accord du mouvement des formes des organes extérieures de l'ouïe & de la vue, avec ceux du reste des parties de la figure, l'expression arrive en quelque façon, à faire comprendre la valeur des sons sur lesquels elle mesure son action; ainsi par les mêmes moyens, elle parvient à rendre presque jusqu'à la parole; ce qui fait dire à Pline, qu'Aristide peignit un suppliant, dont on croyoit presque entendre la voix : *Pinxit & supplicantem penè cum voce.*

L'œil tenant de plus près à l'ame que tous les autres sens, doit être l'organe dont l'expression peut le mieux se servir pour faire connoître les intentions, la volonté & la pensée supposée à la figure. Dans un petit tableau, *page 83 de l'Herculanum*, *Tome I.* une jeune Bacchante vient de sauter sur un Centaure, son genoux est posé sur sa croupe dont elle se fait un point d'appui, sa jambe droite lui presse le dos comme pour le pousser en avant ; d'une main elle le saisit par les cheveux, comme pour diriger sa marche, de l'autre, elle tient un Tyrse, dont elle veut le frapper pour le mettre au galop : la tête de cette Bacchante est courbée, son œil se dirige vers l'endroit où elle a *intention* de porter le coup, & son Tyrse suit la même direction, de sorte que, si du centre de cet œil & de l'extrémité de ce Tyrse, l'on tiroit deux lignes, elle se rencontreroit précisément dans l'endroit où elle *pense* frapper : par cet accord des mouvemens de l'œil, de la main, du bras & de toutes les parties de cet figure, l'Artiste est parvenu à ne laisser aucun doute sur la *volonté* qu'il lui supposoit, & à rendre l'action la plus vive que l'on puisse imaginer ; car dans l'expression du saut de cette Bacchante, il en fait presque estimer la grandeur.

Comme cette figure, celle de l'un des Lutteurs de Florence (1), vraisemblablement copiés en marbre d'après ceux qu'Aristodeme fit en bronze, *exprime* par l'accord du mouvement de sa tête & de ses yeux, l'endroit où il médite de porter un dernier coup à son adversaire terrassé, qui s'appuyant sur une de ses mains & sur son genoux, fait tous ses efforts pour se relever.

Par ces exemples, comme par ces principes, on voit que les organes extérieures des sens, au seul moyen desquels on peut représenter le *caractère* & les *inclinations habituelles* de la figure, concourent aussi à en exprimer les *sentimens actuels* ; mais ils ne parviennent à cette expression, qu'au moyen du parfait accord de leurs mouvemens avec celui de toutes les parties employées dans l'attitude ; si donc ces parties se trouvoient supprimées de la figure, comme elles le sont ordinairement dans les bustes & les têtes faites uniquement pour représenter des portraits, il seroit impossible d'exprimer le *sentiment actuel* par la seul action de ces organes ; car dès-lors on

(1) Voyez le Museum de Florence, par David, *Tom. III.*

manqueroit

manqueroit des moyens de faire sentir le motif & l'objet précis de ce sentiment : c'est la raison pour laquelle les Anciens n'ont jamais entrepris d'exprimer aucune *passion actuelle* dans les têtes séparées du corps, mais seulement l'âge, la nation, le tempérament, les inclinations, enfin le *caractère* des personnes d'après qui les têtes étoient modelées. Mais dans les statues posées d'après le caractère, & faites à la ressemblance de ceux qu'elles représentoient, ces mêmes Anciens en ont souvent exprimé les passions & les sentimens actuels, comme dans le Ladas de Myron, & l'Alexandre de Lysippe, dont il a été parlé ci-dessus.

Pour les mêmes raisons, l'Art donna rarement du mouvement aux têtes placées sur des bustes, & quand il leur en donna, ce fut non pour *exprimer un sentiment actuel*, mais toujours pour *mieux représenter le caractère.* Ainsi les têtes des Philosophes, des Orateurs, des Poëtes, sont très-souvent un peu inclinées en avant, parce que cette action est ordinairement celle des hommes qui pensent ou méditent. Dans les bustes de Caracalla, la tête est absolument tournée vers l'épaule droite ; c'étoit, sans doute, la manière dont ce Tyran regardoit dans sa colère ; & comme elle exprime merveilleusement bien son mépris pour l'humanité & l'étrange férocité de son caractère, marquée d'ailleurs dans son regard comme dans tous ses traits, on l'employa avec succès dans ses portraits. La belle tête du Bacchus en bronze, conservée à Portici, est penchée sur le côté, pour exprimer, comme nous l'avons dit ailleurs, une action assez ordinaire aux gens dont la tête est appesantie par la vapeur du vin ; & comme on représentoit souvent Antinous sous la forme de Bacchus, ainsi que nous l'apprend Pausanias, lib. VIII, cap. 9. ; c'est, je crois, la raison pour laquelle on lui donna cette même attitude, comme on le voit dans une tête de bronze & dans un buste *Héroïque* en marbre, conservés dans la *Galerie* de Florence (1), de même que dans sa statue placée au *Capitole.*

L'expression de la volonté & de la pensée, se formant de l'accord des mouvemens des organes extérieures des sens avec toutes les parties de l'attitude, si l'on supprimoit la tête de la statue, l'*expression* en resteroit *incertaine* & nécessairement *équivoque;* mais cette même *expression* ne pourroit manquer de devenir *nulle*, si en place de la tête faite pour la statue, on en substituoit toute autre, comme cela est malheureusement arrivé dans la *restauration* de la plupart des figures antiques, que cette alliance doit faire paroître froides & dépourvues de *sentiment*, à ceux dont le jugement se fonde sur leur état actuel, plutôt que sur celui où elles étoient autrefois. Le Laocoon & l'Apollon du *Belvedere*, sont généralement regardés comme des chefs-d'œuvres; si on leur suppose des têtes différentes, on pourra bien admirer l'Art & la Science employés dans les parties de leurs corps, en louer la beauté & l'exécution, mais il sera impossible de se former une juste idée de l'*expression* de leur ensemble, & de réparer cette perte par la *substitution* d'aucune des têtes antiques parvenues jusqu'à nous.

On doit dire la même chose des membres restaurés dans les anciennes statues. La position du genou ou de l'épaule d'une figure peuvent, en quelque occasion, indiquer celle de son bras ou de sa jambe, mais jamais celle des pieds & des mains; néanmoins ces deux parties contribuent souvent beaucoup à l'*expression*, elle ne peut manquer de se perdre dans leurs *restaurations*. J'en vais donner deux exemples : à la *Plan.* 85 *du premier Volume d'Herculanum* (2), un Centaure instruit un jeune homme à toucher la lyre, celui-ci cherche dans les yeux de son maître quelle est la corde qu'il doit faire résonner, la tête

(1) Voyez Museum de Florence, par David.

(2) Voyez Antiq. d'Hercul., par David, *Tome I.*

du Centaure eſt baiſſée, ſon air ſérieux, méditatif & taciturne ; de l'*index* il marque la *quatrième* corde, & pour lever toute eſpèce de doute à ce diſcours muet, ſon écolier *indique* cette même corde avec le doigt ; ſi l'on ſuppoſe cette partie retranchée à ſa figure, on ne pourra plus diſtinguer quelle eſt la corde préciſe déſignée par le doigt effacé, le Centaure paroîtroit montrer la lyre en général, ſans donner à comprendre préciſément la corde qu'il veut déſigner, l'objet qu'il a en vue, le vrai motif qui le fait agir, & ce qu'il prétend exprimer par le geſte de ſa main.

Une ſtatue de grandeur naturelle en bronze, trouvée dans les excavations de *Portici* (1), repréſente un Faune yvre & couché ſur une peau de Panthere : il appuye le bras gauche ſur un outre à moitié remplie ; tous les traits de ſa phyſionomie *expriment* avec une vérité ſingulière, cette folle gaïté propre à la ſituation où elle ſe trouve, il ſourit, ſon bras droit étendu en l'air s'y ſoutient avec peine, ſes doigts du milieu, appuyés contre ſon pouce, & répondant à ſon ſourire, ſont dans l'action de s'échapper ſur la paume de ſa main pour faire cette eſpèce de bruit, qui, chez les Grecs, comme encore aujourd'hui chez les Italiens, ſignifie, *tout m'eſt indifférent* : l'une de ſes jambes s'étend machinalement, ſon pied qui ſe relève & ſes doigts trépignent de joie, les vapeurs du vin obſtruant dans ſon cerveau les principes du mouvement, font retomber les chairs de tous ſes muſcles du côté ſur lequel il ſe panche ; il n'en eſt aucun qui ne paroiſſe rempli de liqueur, & ne *caractèriſe* l'ivreſſe ; envain il ſemble tenter de ſe lever, une force ſupérieur l'oblige à reſter couché, il paroit entre le ſommeil & l'éveil. Cette figure eſt un chef-d'œuvre *d'expreſſion* en ſon genre, mais ſans le ſecours des doigts, des mains & des pieds, ſans l'accord de leurs mouvemens avec celui des yeux

(1) Voyez Antiq. d'Herculan. par David, *Tome VII*. Planche 97.

& de la bouche, on ne reconnoîtroit jamais ni le *sentiment actuel*, ni la pensée qui la font mouvoir, & les plus habiles restaurateurs ne pourroient assurement deviner l'*expression* d'un tel sentiment, si toutes les parties qui concourent à la donner, ne se fussent pas retrouvées avec l'ensemble.

Le *caractère* & le *sentiment* attribués à la *figure*, donnant aux Anciens son attitude & la mesure de son mouvement, en fixoit par conséquent la *composition*. Le rapport du caractère & du sentiment actuel avec la *circonstance* où leur figure étoit supposée, leur fit souvent tirer de cette circonstance même des nouveaux moyens pour en augmenter l'expression. Ainsi dans le groupe de Niobé, les personnages sont affectés, comme on l'a vu, de sentimens, & posés en des attitudes convenables à leur *caractère*, à leur *état*, à leur *sexe*, à leur *âge* & à la *circonstance* dans laquelle Scopas les a supposés. Poursuivies par la colère des Dieux, cette malheureuse famille devoit être non-seulement un exemple, mais encore un *monument* toujours subsistant de leur vengeance : on croyoit voir Niobé changée en pierre sur le sommet d'une montagne de Lydie, près de Méandre. « Je montai, dit Pausanias, lib. I, sur le mont Siphyle, » pour y voir cette Niobé, dont *on parle tant ; la roche appel-* » *lée de son nom*, en est voisine, à la regarder de près, elle ne » ressemble en rien à une femme éplorée, mais de loin elle pa- » roit une femme répandant des larmes, & accablée de tris- » tesse ». Ayant à rappeller l'idée de cette Roche, & à représenter Niobé dans la *circonstance* où elle va être changée en pierre, & dans le moment où elle voit périr tous ses enfans, l'Artiste a sçu *exprimer* dans la statue de cette mère infortunée, une douleur si profonde, qu'elle en paroît insensible, & comme hors d'elle même. Son bras, le voile dont elle se couvre & son dos, sont disposés de manière, qu'en la voyant par derrière, à quelque distance, elle paroît une grosse *Roche* irréguliérement taillée, comme l'étoient celles du mont Siphyle. Cette *composition*, sans toucher à la figure, sans en altérer les formes, sans en déranger la beauté, rend merveilleusement la fable, & satisfait à l'opinion qu'on avoit en Lydie de la *transformation* de Niobé; l'une de ses filles paroît immobile, & comme *pétrifiée*, par un effet de la terreur qu'elle éprouve; une autre se courbe, comme pour éviter les traits de Diane, mais elle semble ne pouvoir se relever; vous diriez que dans cette action, les muscles de son corps ont perdu leur élasticité, & commencent à s'endurcir en prenant une nature pierreuse; ce trait de génie si convenable au sujet, fait paroître à quelques-uns cette attitude forcée, ils disent que cette statue ressemble à la pierre; mais c'est précisément à la pierre qu'elle doit ressembler, par la sagesse & la grandeur des vues de cette savante *composition*. L'Artiste, *changeant un peu la tradition* pour mieux en faire reconnoître l'esprit, profita de la *circonstance* où il supposoit ses personnages, pour représenter les différens momens de leurs changemens en une autre substance, & faire voir le passage de la nature humaine en celle d'un rocher. Quand ce groupe, dont les figures sont de différentes mains, étoit rassemblé dans l'ordre convenable, sur un plan plus élevé que le terrein d'où il devoit être vû, je ne doute pas qu'il ne représentât une suite de rochers, qui, à mesure qu'on s'en approchoit, paroissoient se transformer en figures humaines, & faisoient voir, par cette ingénieuse disposition, le moment qui précéda, & celui qui suivit la métamorphose, dont ils exprimoient toute la progression. Les figures d'Apollon & de Diane, lançant leurs flêches, devant être placées sur des rochers encore plus élevés, aidoient encore à cette *composition*. Leurs statues, celles de Niobé & de ses quatorze enfans, avec le cheval trouvé avec elle, montrent que ce groupe devoit en avoir au moins dix-huit.

L'arrangement dont on vient de parler, ne pouvoit subsister à Rome, où, suivant Pline, les Niobés furent placés dans le Temple d'Apollon *Sosien*, situé vraisemblablement près de la porte de Saint Jean de Latran, car c'est-là que Flaminius Vacca dit qu'on les trouva de son tems, avec les Lutteurs transportés depuis à Florence (1). Sosius qui construisit ce Temple, y plaça un Apollon en bois de cédre, enlevé à *Seleucie*, Pline en fait mention, *lib. XIII*, *cap.* 11. Ce Sosius, ami de Lépide & de Gabinius, accusé de concussion, & défendu par Ciceron, environ cinquante-quatre ans avant notre Ere, fut, comme eux, un des déprédateurs de l'Asie, d'où il enleva les statues des Niobés, probablement exécutées dans l'Asie-Mineure, quand Scopas y travailloit au Temple d'Ephèse & au Tombeau de Mausole avec Briaxis, Timothée & Léocharès. Pline doute si ce groupe est de Scopas ou de Praxitèle; rien ne montre mieux le peu de connoissance qu'on avoit des Arts, dans le siècle où il écrivit, car par les médailles de Philippe, contemporain de Praxitèle, on ne peut douter que le style de ces statues ne soit plus ancien, & dans les têtes des deux filles de Niobé, comme dans celle de cette dernière, on observe la plus sublime beauté, & les idées de l'Art, vers les tems de Phydias & de Polyclète; suivant Pline même, Scopas fleurit vers la quatre-vingt-sixième Olympiade, il devoit alors être très-vieux, & avoir près de cent ans, quand il exécuta la Colonne du Temple d'Ephèse, & le groupe dont nous parlons; peut-être se contenta-t-il d'en donner les modèles, & d'en diriger l'ouvrage; trois ou quatre de ces figures, d'un style bien supérieur aux autres, semblent être de la main de ce grand Artiste; mais son âge ne lui permettant pas de les exécuter toutes par lui-même, il en confia, sans doute, l'exécution à ses écoliers, ce qui rend raison de la grande inégalité qu'on observe dans leur travail.

(1) Voyez Museum de Florence, par David, *Tome III*.

D'aprés ce qu'on vient de lire ſur la *compoſition* priſe de la *circonſtance* où la figure eſt ſuppoſée, on conçoit qu'elle devoit être celle de l'Alexandre Pâris d'Euphranor, dans lequel on admiroit qu'il eut *caractériſé* le juge des trois Déeſſes, l'Amant d'Hélene, & à la fois le meurtrier d'Achille : *In quo laudatur quod omnia ſimul intelligantur judex Deurum, amator Helenœ, & tamen Achillis interfector.*

D'après ces règles, Ariſtides de Thebès *exprima* dans ſon tableau d'une ville priſe d'aſſaut, une mère prête à mourir, qui ſembloit *prévoir* & *craindre* que ſon enfant ne tirât du ſang de ſes mammelles, au lieu de lait : *Intelligitur ſentire mater & timere ne emortuo lacte ſanguinem lambat.* C'eſt, je crois, ce que l'expreſſion put jamais rendre de plus ſingulier & de plus délicat.

Sur ces principes de *l'expreſſion* & les *exemples* tirés des monumens & des témoignages de l'Art que le tems nous a ravis, en conſidérant la manière dont le Laocoon d'Agéſander *exhale* le ſoupir échappé de ſa bouche, & qu'il ſemble tirer du fond de ſes entrailles, on peut concevoir comment étoit repréſenté le Ladas *haletant* de Myron ; on peut auſſi ſe former une idée de *l'expreſſion* du Lutteur *Mouſſle* de Naucerus, on peut entendre enfin comment Parhaſius parvint à peindre les deux *Coureurs*, Hoplitides, dont l'un étoit couvert de ſueur, l'autre ſe ſentoit haleter : *Alter in certamine ita decurrens, & ſudare videatur : alter arma deponens, ut anhelare ſentiatur.*

Ces principes peuvent également s'appliquer à *l'expreſſion des animaux*, car ceux-ci ont un tempéramment, des inclinations propres, & ſont capables d'affections & de paſſions, qui influent ſur leur caractère & leurs actions : l'application de ces maximes peut ſe voir dans le Lion de *Barberini*, le Sanglier de *Florence* (1), le Taureau qu'on voit dans le Palais *Calubrano* à Naples, le Cheval & le Lion du *Capitole*, & dans les animaux

(1) Voyez Muſeum de Florence, par David, *Tome III.*

représentés sur un très-grand nombre de pierres gravées, on peut juger de *l'expression* que les Anciens leur sçurent donner par celle de l'Aigle de Léocharès, qui sembloit, en enlevant Ganymède, sentir le prix de ce qu'il portoit, à qui il le portoit, & craignoit d'offenser de ses ongles, même les vêtemens du favori de Jupiter : *Sentientem quid rapiat in Ganymede & qui ferat, parcentem unguibus etiam per vestem.* Une belle imitation de cette statue se trouve dans la chambre qui précède la Bibliothéque de Saint Marc à Venise ; mais l'original beaucoup plus grand en étoit à Rome, où du tems de Spon, l'on voyoit son piedestal dans la ville Médicis, avec son inscription ; pour arriver à une *expression* si différente de celle que notre Sculpture sait donner, il falloit bien que celle des Anciens se réglât sur des principes dont nous avons assurément peu de connoissance : plus ceux que l'on vient de voir paroîtront extraordinaires, plus ils sembleront nouveaux, plus ils se rapprocheront de ceux des Anciens. Ils nous découvrent pourquoi les Grecs regardoient ce qu'ils appelloient la manière de représenter le *caractère* ou les *mœurs*, comme la partie fondamentale de l'Art ; c'est ce que les Latins comprirent sous le nom de *sensus omnes*, & d'où vient que ceux-ci employerent le mot *animus*, pour désigner en général la *pensée* ou le *sentiment*, dont l'activité, portée jusqu'à la *passion* qui *trouble* l'ame, prit chez eux le nom de *Perturbatio*, destiné à rendre celui de πάθος, dont les Artistes Grecs se servoient pour exprimer tous les dégrés du *desir*. De *l'expression* du *caractère combiné* avec le *sentiment actuel*, résultoit toute celle qu'on peut donner à une figure, & de cette combinaison sortoient, comme on vient de le voir, tous les principes de l'action & du mouvement, dont la *mesure* s'expliquoit par le *quanto quid à quod distare beberet* des Latins ; ces termes très-mal entendus par Pline, étoient assurément très-clairs dans les livres des Menechme & d'Apelles, d'où il paroit les

les avoit tirés, car leur vrai sens se développe par les ouvrages mêmes des Anciens : c'est-là que j'en ai cherché l'explication, comme dans un Commentaire incapable de tromper; car si les maximes établies dans les livres de ces savans Artistes étoient bonnes, si elles étoient vraies, si elles étoient utiles, elles doivent assurément se trouver employées dans les meilleurs ouvrages de sculptures, & les meilleures peintures de l'Antiquité : on vient d'en voir l'emploi dans les plus belles statues encore existantes, ou les plus fameux tableaux dont la description nous est restés.

De la Beauté idéale.

La Grèce, ses Isles, l'Ionie & la Sicile, situées sous le beau climat du monde, semble avoir été les pays les plus favorables au *Génie* des Arts, comme ceux où la *Beauté* fut en même tems la plus commune & la plus estimée; c'est-là qu'on lui éleva des autels, qu'on lui accorda les prix les plus flateurs, & les honneurs les plus distingués. Dans ces mêmes contrées, naquirent Homere, Anacréon, Sthésichore, Théocrite, qui célébrèrent dans leurs vers immortels cette *Beauté*, que Zeuxis, après lui Phidias, Polyclète, Appelles représentèrent sous les formes les plus sublimes, dans ces statues & ces peintures dont le tems même, en les détruisant, ne put jamais affoiblir la réputation.

Zeuxis, voulant peindre pour Crotone une *Beauté*, supérieure à toutes celles dont cette grande ville lui fournissoit des modèles, & s'appercevant que la nature en a dispersé les principaux traits dans toute l'espèce humaine, osa le premier tenter de rassembler ces trésors épars, toujours partagés avec économie, & distribués avec épargne aux individus mêmes que la nature a le plus favorisé.

Accoutumé, comme nous l'avons dit en parlant du caractère, à réunir dans un même tout des formes de nature souvent très-différentes, l'Art arriva facilement à combiner dans un seul sujet les plus belles formes empruntées de plusieurs autres; mais il parvint avec peine à les accorder ensemble, & ne put le faire qu'au moyen des proportions les plus exactes & les plus ingénieuses, prises de la théorie des *symmétries*, ou des *mesures comparées*. Par cette *alliance* & cet *accord*, il découvrit enfin la manière de former une *Beauté composée* de toutes les autres. Ce nouvel être relatif qui surpassa la nature même, en la représentant dans toute sa perfection, n'exista que dans l'*idée* & les chefs-d'œuvres de l'Art, dont il fut la plus étonnante, comme la plus sublime découverte. De-là, cette sorte de *Beauté* créée par le goût & le sentiment, & dont toutes celles de la nature ne paroissent que des ébauches ou des copies, prit le nom d'*Idéale*, ce qui fit dire à Denys d'Halicarnasse : *Ex multis itaque partibus pulcherrimum quodque animo comprehendens, ars construxit opus perfectæ pulchritudinis ideam repræsentans.*

Les symmétries des Anciens comprenoient non-seulement le rapport que les parties de la figure doivent avoir entr'elles, mais encore leurs relations avec le tout. La première de ces raisons considérant les *mesures* ou les *proportions* de ces parties, fut appellé *Analogie*; la seconde étant relative à leur *accord*, fut appellée *Harmonie* : le dernier de ces rapports dépendoit nécessairement de l'autre, car l'*accord* des parties avec leur *ensemble*, résulte de la nature des *proportions* qu'elles ont entr'elles; Polyclète écrivit le premier sur les *symmétries*, terme qu'il rendit au *plurier*, pour exprimer qu'elle se composoient des raisons dont on vient de parler, & dont on trouve l'indication dans la Préface des *Portraits* de Philostrate.

Par les livres de Cicéron& de Quintilien, sur l'Art Oratoire, comme par ceux d'Ariſtote & d'Horace ſur la Poëtique, on connoît la *liaiſon* obſervée par les Anciens entre les Arts du Deſſin, la Rhétorique, la Poëſie & la Muſique. Galien, dont les ſavans ouvrages ſur la Médecine ſe ſont heureuſement conſervés, en écrivit pluſieurs ſur la Philoſophie, la Grammaire & la Rhétorique ; Nicon de Pergame ſon père, Architecte inſtruit dans preſque toutes les parties des Mathématiques, vêcut ſous les règnes de Nerva & de Trajan : la Grèce fourniſſant alors aux Romains de très-bons Artiſtes, on ne peut douter que les livres de Polyclète ſur les *ſymmétries*, n'exiſtaſſent encore, & que Galien qui écrivit ſur l'Eloquence, ne les ait connus ; il y puiſa certainement *l'idée* de ce qu'il aſſure conſtituer ou produire le *beau* par rapport à l'Art : la *beauté du corps ſe tire*, dit-il, *de la ſymmétrie de ſes parties. comme il eſt écrit dans le Canon de Polyclète.* Il ajoute enſuite, *car Polyclète, dans ſon* Commentaire, *nous a donné toutes les raiſons ſur leſquelles ſont fondées* les ſymmétries, *& nous a confirmé ſes préceptes par des exemples, en faiſant une ſtatue ſuivant les principes qu'il établiſſoit dans cet écrit : cette ſtatue*, unie à ſon livre, *fut appellée le Canon* ou la Règle.

Ainſi, dans le tems même de Phidias, Polyclète dont les ouvrages, au rapport de Strabon *lib. VIII*, égalèrent ceux de ce grand maître, écrivit ſur les moyens de parvenir à la *Beauté ſublime* qu'il avoit ſçu donner à la ſtatue de ſa Junon d'Argos. Dans ces livres, les préceptes ſe trouvoient unis à la repréſentation de la figure compoſée d'après eux, comme le furent depuis ceux de Léonard de Vinci, auxquels le Pouſſin ajouta ſes deſſins, pour mieux en faire ſentir l'application.

Ces *Commentaires* de Polyclète, malheureuſement perdus aujourd'hui, ayant été regardés autrefois comme la *Règle* conſtamment ſuivie depuis ſon tems juſqu'à celui des Antonins, Menechme, Xénocrates, Appelles, qui vêcurent dans cet intervalle ; ayant composé différens ouvrages sur les raisons de l'Art, on ne peut douter qu'il n'ayent contenu les principes de Polyclète sur les symmétries, & nous les y retrouverions, si le tems n'eut pas détruit ces écrits. Mais comme à son imitation, les plus habiles Artistes de *l'Antiquité* firent leurs statues d'après les règles établies dans ses livres, nous pouvons retrouver dans les plus belles statues *antiques*, les *proportions* qu'il enseignoit devoir y entrer, & juger d'après ces proportions, sur quoi se fondoit la Théorie des principes renfermés dans les ouvrages des Anciens sur les *symmétries* & la *beauté idéale*, ainsi que nous avons essayé de le faire en parlant du *caractère*, de *l'expression* & de la *composition*. Pour cela, nous allons commencer par copier les proportions déterminées d'après les plus belles têtes de l'*Antique* par M. Mengs, cité par M. Winckelman : quoiqu'établies dans une vue différente de celle qu'on se propose ici, ces proportions n'en serviront pas moins à ce qu'on y doit dire.

« On tire d'abord une ligne verticale qui doit être partagée » par cinq sections : la cinquième partie est réservée pour les » cheveux, le reste se partage en trois portions égales. Par » la ptemière de ces parties, on tire une ligne horizontale » qui forme une croix avec la ligne verticale ; cette ligne verticale, cette ligne horisontale doit avoir en largeur deux » parties des trois qui font la longueur du visage. Des points » les plus éloignés de cette ligne, il faut tirer des courbes qui » remontent jusqu'au point le plus élevé de la cinquième partie réservée plus haut. Ces lignes forment ainsi l'extrémité » supérieure de la forme du visage. Une de ces trois parties » de la longueur du visage, se divise alors en douze parties ; » trois de ces parties, c'est-à-dire, la quatrième partie du tiers » du visage, doivent être portées des deux côtés du point où » les deux lignes se coupent, & les deux parties indiquent

» l'espace compris entre les deux yeux. Cette même partie sera » portée sur les deux extrémités de cette ligne horizontale, alors » restent deux de ces parties entre celle qui a été portée sur » le bout le plus éloigné de la ligne, & celle qui a été portée » sur le point de la section des lignes, & ces deux parties in- » diquent la longueur d'un œil : une autre partie est pour la » hauteur des yeux. Il y a la même distance de la pointe du » nez jusqu'a l'incision de la bouche, de celle-ci jusqu'à l'en- » foncement du menton, & de cet enfoncement à la pointe du » menton. La largeur du nez contient une semblable partie, » mais la largeur de la bouche en a deux ; elle est donc sem- » blable à celle des yeux. Si l'on prend la moitié du visage jus- » qu'au cheveux, on aura la longueur qui se trouve depuis » le menton jusqu'au creux du cou ».

Ces rapports, quoique très-bien énoncés pour la *pratique* de l'Art, doivent cependant l'être d'une manière différente pour faire connoître leur origine, & les vrais fondemens de la théorie qui les fit établir : les voici dans cet ordre relativement au visage. Ses trois parties principales, qui sont le front, le nez, & le menton, étant égale, chacune d'elles est par rapport aux deux autres, comme 1 à 2, la plus grande largeur du visage est à sa hauteur, comme 1 à 2, le même rapport règne entre les trois parties situées entre la pointe du nez & l'extremité du menton; l'une est aux deux autres prises ensemble, comme 1 à 2, l'espace du menton au creux du cou, est à la longueur totale du visage, comme 1 à 2, l'intervalle qui sépare les yeux, est à la longueur de chacun d'eux, comme 1 à 2, la distance entre le *vomer*, ou la cloison du nez vers le front, unie avec celle qui est entre le petit angle de l'œil & le contour du visage, est à la grandeur de l'œil, comme 1 à 2, la hauteur de ce dernier est à sa longueur, comme 1 à 2, la largeur du nez vers sa partie inférieure & celle de la bouche, sont entr'elles comme 1 à 2 ; le rapport entre cette largeur du nez & la longueur de l'œil, est comme 1 à 2 ; l'ouverture de l'œil & celle de la bouche, sont entr'elles comme 1 à 1. Il en est de même de toutes les parties doubles du visage, dont les mesures se fondent sur des rapports d'*égalité* ; car elles sont chacun à chacune, comme 1 est à 1, & leur rapport sont évidemment les plus *symmétriques* qu'on puisse concevoir.

Ces proportions déterminées d'après les plus belles têtes *antiques*, sont manifestement celles que les Anciens comprenoient sous le nom de *mensuræ ;* & comme ils divisèrent le *pied*, considéré comme *mesure*, en douze pouces, on voit qu'ils employèrent un douzième de la partie la plus apparente du visage pour en mesurer les formes ; car si l'on observe bien ces divisions, on verra qu'elles se comparèrent toujours de trois en trois, de quatre en quatre, de six en six, de douze en douze ; ainsi la *mesure fondamentale* du visage répondit à un *douzième* de sa hauteur. La proportion de cette *mesure* des grandeurs d'une partie à celle de l'autre, étant généralement établies, comme on vient de le voir, sur le rapport de 1 à 2, toutes les formes du visage devinrent *commensurables* par grandes *divisions*, avec celle qu'on en regardoit comme la mesure fondamentale ; ainsi elles furent toutes *harmoniques*, & par conséquent *agréables*. Ces mêmes formes n'ayant pas de *mesure commune*, ou ne l'ayant que par des divisions peu sensibles dans la plupart des visages, ils manquent ordinairement de cette harmonie & de cet accord sensible, qui, avec le choix des formes, en constitue la *beauté*.

Toutes les formes du visages, ordonnées suivant ces proportions, ayant entr'elles des rapports d'égalité, ou des rapports *semblables*, il devoit néceſſairement avoir toute l'*unité* possible. Tous ses contours étant, d'un autre côté, formés de portions d'ellipse, qui est la moins uniforme & la plus variée des deux ſeules courbes régulières renfermées en elles-mêmes, toutes les parties du viſage étant d'ailleurs alternativent dans des plans paralelles ou perpendiculaires à ſon axe, quelques-unes étant plus ou moins ſaillantes, d'autres ne l'étant pas, ce qui varie les effets de la lumière dont elles ſont éclairées. Les couleurs des cheveux, celles des ſourcils, des yeux, des lèvres, des joues, contraſtant d'ailleurs l'une avec l'autre, le viſage deſſiné ſuivant cette méthode, avoit toute la *variété*, dont ſa conſtitution le rendoit ſupceptible ſans en déranger l'*unité*.

Cette *variété* de formes, jointe à l'*unité* la plus grande dans l'*enſemble* qui les réuniſſoit, devint le fondement de la plus grande *beauté* qu'on puiſſe imaginer ; car cette même *variété*, capable de détourner l'attention & d'altérer l'intérêt, ſe trouvoit balancée, &, pour ainſi parler, contenue par l'*unité* du tout, auquel chacune de ſes parties ſe rapportoit. D'autre part, la monotonie qui pouvoit réſulter de cette *unité*, trop ſimple pour intéreſſer & fixer l'attention, étoit interrompue par la *variété* des parties du même ſujet. Une figure ainſi conſtituée, ſe concilioit donc toute l'attention du Spectateur par l'intérêt néceſſaire qu'il y prenoit, d'où il arrivoit que le plaiſir réſultant des rapports qu'il y découvroit ſans peine, l'obligeoient bientôt à la regarder comme ſupérieure à tout ce qu'il avoit jamais vu de plus *beau* dans tous les individus de l'eſpèce humaine, dont la nature étoit réellement embellie par ces procédés de l'Art.

La raiſon d'un à deux eſt, comme on vient de le voir, la loi fondamentale des proportions du viſage dans les plus belles têtes *antiques ;* cette loi fut choiſie, afin que toutes les parties, en ſe diſtinguant les unes des autres, reſtaſſent en même tems dans le plus grand accord entr'elles ; de tous les rapports imaginables, celui-ci étoit le plus capable de ménager ce double effet. Quant au visage destiné à faire la partie la plus apparente de la tête, il eut avec elle un rapport bien plus marqué, car il fut à sa totalité comme 4 à 5.

La tête n'est que la huitième partie du total auquel elle appartient. Avec l'avantage d'être située dans l'endroit le plus remarquable du corps, & de contenir un ensemble composé des parties les plus *harmoniques*, si on l'eût tenue plus grande, elle eut dominé dans la figure dont l'*unité* se seroit trouvée dérangée; rendue plus petite, elle n'eût pas accordé avec la grandeur de cette même figure, & ce manque d'accord eût choqué; car il n'y a pas de partie dont la disposition soit plus sensible. Le défaut d'une tête trop petite fut caché dans les statues de Periclès par les Artistes, qui, pour la plupart, le représentèrent avec un casque, comme Plutarque nous l'apprend.

L'*ensemble* de la figure pour être aussi *beau* que sa constitution le permettoit, devant, comme celui du visage, se contenir dans la plus grande *unité*, & renfermer en même tems toute la *variété* dont ses formes le rendoient susceptible, elles devoient toutes être subordonnées & dépendantes de cet *ensemble* : c'est pourquoi elles furent aussi mesurées, ou sur des rapports d'*égalité*, ou sur des rapports *semblables*; ces derniers furent cependant plus diversifiés que ne l'étoient ceux du visage, dont les formes étoient de leur nature plus capables de *variété*, que celles du reste du corps; & comme on répara ce qui manquoit à la *variété* des formes par celle de ces rapports, on en eut de trois ordres differens, parmi lesquels les rapports d'*égalité*, qui sont les plus *symmétriques*, & ceux d'un à deux qui sont les plus *harmoniques*, dominèrent de beaucoup sur tous les autres, ainsi qu'on va le voir.

Les termes où les bras peuvent atteindre, en s'étendant horizontalement, donnent les extrémités d'une ligne, dont la grandeur

grandeur *égale* celle de la figure totale. Cette même *raiſon d'égalité* règne auſſi entre toutes les parties doubles du corps & des membres ; car la cuiſſe eſt égale à la jambe, & la hauteur du genou égale celle du pied, &c.

Le tronc ſe diviſant en trois eſpaces égaux, à prendre depuis la foſſette des clavicules, juſqu'aux deſſous des mamelles, de cette partie à l'*Ombilic*, & de-là juſqu'à l'extrémité de l'Os *Pubis*, chacun de ces eſpaces eſt aux deux autres, comme 1 à 2 ; le rapport de la largeur du *Thorax*, priſe de l'emboiture d'un bras à l'autre, eſt à la longueur du bras, comme 1 à 2 ; la hauteur de la figure, du ſommet de ſa tête juſqu'à ſa bifurcation, eſt ordinairement à ſa hauteur totale, comme 1 à 2 ; le rapport de la largeur du *Thorax*, priſe de l'emboiture d'un bras à l'autre, eſt à la longueur du bras, comme 1 à 2 ; la hauteur de la figure, du ſommet de ſa tête juſqu'à la bifurcation, eſt ordinairement à ſa hauteur totale, comme 1 à 2 ; cette proportion eſt celle des Coureurs ou Stadyodrômes, comme on peut le voir par la ſtatue de l'Hercule *Pitti* ; mais les *Lutteurs* avoient quelque choſe de plus dans la taille, comme il paroît par ceux qu'on a déterrés des ruines d'Herculanum ; c'eſt la différence qui exiſte entre les hommes de grande taille, & les hommes les plus forts. La hauteur de la cuiſſe juſqu'au deſſous du talon eſt à celle de la figure entière, comme 1 à 2.

La cuiſſe eſt au corps comme 2 à 3 ; la même partie, y compris le genou, eſt à la jambe priſe juſqu'au cou-de-pied, comme 4 à 5 ; le rapport de la jambe eſt à ſa longueur totale, priſe juſqu'au-deſſous du talon, comme 4 à 5, après les rapports d'*égalité* ; tous les autres, employés comme on vient de le voir, étant préciſément ceux que l'ame apperçoit le plus aiſément, ſont pour cette raiſon même, les plus capables de jetter de la *variété* dans l'enſemble, ſans toucher à ſon *unité*.

M. de Buffon, en parlant de l'ouïe, observe que de toutes les comparaisons possibles de nombre à nombre, celles que nous faisons le plus facilement, sont celles d'un à deux, d'un à trois, d'un à quatre, &c. & de tous les rapports compris entre le simple & le double, ceux que nous appercevons le plus aisément, sont ceux de deux contre un, de trois contre deux, de quatre contre trois, &c. ainsi nous ne pouvons pas manquer, en jugeant les sons, de trouver que l'octave est le son qui convient ou qui s'accorde le mieux avec le premier, & qu'ensuite ce qui s'accorde le mieux, est la quinte & la quarte, parce que ces tons sont en effet dans cette proportion; c'est précisément, comme on vient de le voir, dans cette même proportion que s'accordent le mieux les parties de la figure, puisque c'est effectivement d'après elles que sont déterminées les *mesures* des plus belles figures *antiques*, à l'*ensemble* desquelles on peut par conséquent appliquer tout ce qui a été dit ci-dessus de celui du visage, l'expérience se joint donc à l'analogie pour nous montrer que l'idée de la *beauté* la plus sublime, & le *sentiment* du plaisir éprouvé à son occasion, ont leur principe dans la nature & la régularité des proportions employées à la produire.

Ainsi les Anciens, en cherchant à recueillir, d'après les plus belles proportions renfermées dans les différens individus, celles qui étoient les plus propres par leur union à constituer la plus grande beauté de l'espèce humaine, réussissent si bien, que d'une part ils trouvèrent les rapports les plus *symmétriques*, & de l'autre les rapports les plus *harmoniques*, au moyen desquels ils construisirent des figures originales, infiniment supérieures en beauté à toutes celles qu'on peut voir, & trouvèrent, pour ainsi dire, le modèle même de la Nature la plus parfaite; bien que l'espace & le tems, les formes & les sons soient de nature très-différentes, ils nous firent voir que les mêmes proportions leur conviennent également, & produisent les effets les plus agréables à la *vue* comme à l'*ouïe*; les mots employés dans leur Musique, & leur Peinture pour marquer l'alliance des *sons* ou des *teintes*, les expressions, *ton*, *couleur*, *harmonie*, communes au langage des Musiciens & des Artistes Grecs, montrent qu'après être arrivés à ces proportions, ils en reconnurent la source, & sentirent très bien l'analogie sur laquelle elles étoient fondées.

Des très-belles têtes antiques ont la largeur du nez égale au tiers d'une des trois grandes divisions du visage, & la largeur de la bouche s'y trouve être de deux tiers; alors cette largeur est à celle de l'œil, comme 3 à 4, & la largeur du nez est à l'ouverture de l'œil, comme 2 à 3; ces rapports n'étant pas moins *harmoniques* que les précédens, nous montrent que les Anciens ne s'écartèrent jamais de ces proportions, même en les variant quelquefois.

Les formes de la figure humaine étant prescrites par sa constitution, même d'une manière fixe & précise, leur *beauté* consiste en premier lieu, dans *l'exactitude* & *l'accord* de leurs *mesures* que l'Art, comme on vient de le voir, sçut le déterminer; secondement, dans le choix de leurs *contours*, dont le goût, l'étude & la vue de la belle nature firent aisément apprécier le mérite & l'élégance.

Ainsi que les *contours* du visage, ceux de toutes les parties du corps & de toutes les formes étant décrits par différentes portions d'*Ellipse*, courbe, qui, comme le cercle, a la *propriété* d'annoncer toujours les points qui suivent ceux où elle est interrompue; cette *propriété* dût faire connoitre à l'Art la possibilité de ménager ses *contours*, de manière à promettre & annoncer ce qui venoit après eux, & à laisser voir les parties mêmes qu'ils cachoient, comme si les extrémités de la figure se contenoient ou se *contournoient*, pour ainsi dire, elles-mêmes : *Ambire enim debet se extremitas ipsa, & sic desinere ut promittat alia post se, ostendatque etiam quæ occultat ;* une maxime si profonde, clairement énoncée dans le trente-cinquième Livre de Pline, auteur fort obscur, quand il parle des vues & des opérations de l'Art, me semble prise mot pour mot des livres qu'Apelles composa pour l'instruction de Persée, son disciple ; car elle peut contribuer beaucoup à former cette grace, dans laquelle ce maître se vantoit de surpasser tous les autres ; elle se pratique dans la Peinture par le *sentiment* que l'on donne aux *contours*, & dans la Sculpture, par la manière dont on les dispose pour montrer, non-seulement les formes qu'ils terminent, mais encore ce qu'elles recouvrent, & les parties auxquelles elles tiennent.

Les formes étant déterminées par la *constitution* de la figure, tous les individus qui composent l'espèce humaine, ont une ressemblance nécessaire entr'eux ; & comme la nature ménagère n'accorda jamais à aucun homme toute la *perfection* de la *beauté*, aussi n'en a-t-elle pas totalement privé ceux mêmes qu'elle semble avoir le plus maltraités, & sûrement il n'en existe pas un dans l'état de santé, quelque laid qu'on puisse jamais le supposer, qui ne posséde au moins quelque *trait*, dont la *beauté* se feroit sentir, s'il étoit accordé avec d'autres de la même nature, & si son effet n'étoit pas détruit par *l'incommensurabilité* ou la *dissonance* des parties auxquelles il se trouve allié. Grand nombre de ces individus possédent une plus ou moins grande quantité de ces sortes de traits, absorbés par l'irrégularité de ceux qui les avoisinent, ou par le défaut de leur accord entr'eux : les figures les plus belles sont celles, où, se réunissant en plus grand nombre, ces traits sont les plus *commensurables* ou les mieux *accordés*, celles-ci rassemblent avec avantage les différentes formes de *beauté*, vainement éparses & employées inutilement dans toutes les autres.

Ainſi, quand pour peindre la figure d'Hélene, Zeuxis, au rapport de Cicéron, choiſit parmi toutes les filles de Crotone, celles qui lui parurent les cinq plus belles; on peut dire qu'il aſſembla dans la figure de cette Hélene, preſque tous les traits de *beauté*, répandus dans les individus du ſexe de cette grande ville, très-abondante en beaux modèles. Chacune des ſtatues exécutées à Olympie, à Delphes, & dans les principales Villes Grecques, d'après des Athlètes de tous les âges, c'eſt-à-dire, d'après les hommes les mieux conſtitués, les plus exercés, & les plus beaux de tous les pays habités par les Grecs, étoit dans le cas de l'une des cinq filles élues par Zeuxis; & lorſqu'un Artiſte, comparant avec la nature les beautés renfermées dans pluſieurs de ces ſtatues, faites en différens tems & en différens lieux, les réuniſſoit enſuite dans un modèle, on peut dire qu'il y raſſembloit les plus beaux traits, & les meſures les plus parfaites de la beauté de ces différens âges, de ces différens tems, & des divers pays de la Grèce. Et comme le nombre de ces beaux traits & de ces meſures les plus harmoniques, eſt aſſurément limité, les recherches faites par cette méthode, durent néceſſairement finir par la découverte d'une figure, dans laquelle ſe trouvèrent renfermées les plus belles proportions & les plus beaux traits de toutes les autres; ces proportions dûrent encore être les meilleures & les plus juſtes de toutes celles que la nature, ainſi combinée, pouvoit fournir. Telle fut la ſtatue du Jupiter Olympien de Phidias, dont la *beauté* répondoit ſi bien à la *majeſté* du Dieu, qu'elle ſembloit, dit Quintilien, avoir encore ajouté quelque choſe à la Religion des Peuples : *Cujus pulchritudo adjeciſſe aliquid etiam traditæ Religioni videtur, adeo majeſtas operis Deum æquavit.*

Ce ne fut donc pas la théorie des proportions *harmoniques*, qui fit découvrir les proportions les plus convenables à former la *beauté idéale*. Leur découverte réſulta d'une longue ſuite d'obſervations bien entendues, & faites ſur un très-grand nombre de ſujets bien choiſis, deſquels on emprunta ce que chacun avoit de plus *beau* dans les *meſures*, pour le rapporter à un tout qu'on ſe propoſoit toujours de rendre le plus *beau* poſſible. Ces meſures, adoptées par un goût très-épuré, & déterminées, avec un très-grand diſcernement, donnèrent à la fin les proportions les plus agréables, qui, par-là même, ſe trouvèrent être les proportions *harmoniques*, & l'on parvint aux règles de *l'harmonie* des *meſures*, plutôt par le ſentiment du vrai & du beau, que par la connoiſſance de la théorie & des principes ſur leſquels ces règles ſont fondées.

Quand les Anciens arrivèrent à la découverte des proportions convenables à la *beauté idéale*, leur analogie avec les proportions *harmoniques*, ſervit à prouver qu'ils avoient inconteſtablement atteint au but de l'Art, & l'impoſſibilité de trouver une *beauté* ſupérieure à celle qui réſulta de ces proportions. Elle nous ſert maintenant à démontrer que l'Art des Grecs ne peut en aucun tems, ni en aucun lieu, ni par aucun moyen, être ſurpaſſé. Eh, comment le ſeroit-il! quel pays, quel peuple, quel Prince, pourroient jamais lui fournir les ſecours & les encouragemens qu'il trouvera dans la Grèce au tems dont on parle ici! victorieuſe des Sybarites contre leſquels elle avoit conduit une armée de ſoixante mille hommes, Crotone étoit alors, comme le dit Cicéron, l'une des villes les plus opulentes & les plus heureuſes de l'Italie : *Crotonæ quondam cum florerent omnibus copiis & in Italia cum primis beati numerarentur*; peuplée de plus de ſix cens mille habitans, ſelon le calcul de M. de Monteſquieu, cette ville, dans la vue de poſſéder un beau Tableau, après avoir fait voir à Zeuxis ſes beaux jeunes hommes dont il admiroit la beauté, offre de lui en faire voir les ſœurs; elle confie à ſa diſcrétion, à ſa probité, à ſon honneur, les plus belles filles qui ſe trouvoient dans une si grande multitude, il en choisit cinq à son gré, pour étudier la nature d'après elles ; ces filles se tiennent honorées de son choix, & ce choix fut regardé comme si honorable, que beaucoup de Poëtes célébrèrent dans leurs vers les noms de celles qui obtinrent préférence : *Ille autem quinque delegit quarum nomina multi Pœtæ memoriæ tradiderunt : quod ejus essent judicio probatæ, qui verissimum pulcritudinis habere judicium debuisset*, *Tull. de invent. Lib. II.* Quelle ville pourroit jamais offrir une telle manière de penser, & fournir de pareils moyens à un Artiste pour un motif semblable ! & quand cette ville se trouveroit, qu'en pourroit-il résulter de plus avantageux par rapport à l'Art !

Comme on confia la beauté même à la probité de Zeuxis, on confia des richesses immenses à l'honnêteté de Phidias. L'Elide, très-petite Province du Péloponèse, lui mit en main les sommes nécessaires pour faire son Jupiter Olympien ; le corps étoit en ivoire, les draperies en étoient d'or. Suivant Hygin, *Fable* 223, ce Jupiter assis sur un Trône, avoit soixante pieds de hauteur, de bout il en eut donc eu soixante & douze, sa tête devoit être de neuf pieds de grandeur, & ses pieds en devoient avoir douze, c'est deux fois la grandeur d'un très-grand homme. Cette prodigieuse statue tenoit en main une figure de la Victoire également exécutée en or & en ivoire ; à la juger par celle de la Victoire, que soutenoit la Minerve du Parthénon, dont Pausanias nous donne la mesure, elle avoit onze pieds six pouces de hauteur. Ce n'étoit pourtant, ni la richesse immense, ni la grandeur prodigieuse qu'on admiroit dans ce morceau singulier, mais la seule *beauté*. La Minerve, également d'or & d'ivoire, faite par le même Phidias pour Athènes, étoit moins grande que son Jupiter Olympien ; mais au rapport de Pline, elle avoit encore vingt-six coudées ou trente-neuf pieds de haut ; on la plaça dans un Temple appellé *Hécatompedon*, parce qu'il n'avoit que cent pieds de longueur. Ce Temple coûtoit néanmoins dix mille talens Attiques, dit M. le Chevalier de Jaucourt, dans l'Encyclopédie, *article Parthenon*, « c'est-à-dire, plus de quarante » millions de notre monnoie, à raison de 187 livres sterling 10 » schelling le talent » ; d'où l'on peut juger des sommes employées dans une telle statue, car elle faisoit assurément le principal ornement de son Temple, & sa valeur devoit surpasser celle de tous les autres pris ensemble.

Winckelmann, sur la foi de Cédrénus, croit que ce Jupiter Olympien de Phidias existoit encore à Constantinople, lorsqu'elle fut prise par les François & les Vénitiens en 1204; cela étant, l'or employé dans cette figure, où la valeur du travail surpassoit de beaucoup celle de la matière, en aura causé la destruction; car quand une fois l'or de sa draperie fut enlevé, ce qui restoit en ivoire ne produisant plus aucun effet, & ne pouvant être d'aucun usage, sera resté abandonné; de sorte qu'il n'en existe pas même le moindre fragment. On trouve la description de cette Minerve & celle de ce Jupiter, dans le premier & dans le sixième livre de Pausanias qui les avoit vus, tous les Auteurs Grecs & Latins, Aristote, Platon, Cicéron, Diodore de Sicile, Hygin, Strabon, Séneque, Pline, Plutarque, Lucien, Quintilien, & beaucoup d'autres, en parlent avec la même admiration; je les cite, afin qu'on ne croye pas, qu'avançant des choses si peu comparables avec tout ce que nous avons de plus riche & de plus beau, je dis des choses peu vraisemblables. J'ajouterai encore que la Grèce, l'Ionie & la Sicile, pouvoient montrer un assez grand nombre de ces sortes de statues, parmi lesquelles plus de vingt étoient en or, quoiqu'elles fussent de grandeur naturelle.

Il paroît donc certain que dans aucun tems, ni dans aucuns

pays,

pays, l'Art n'eut les secours & les moyens de se signaler, comme il les eut en Grèce entre la soixante & quatre-vingt-dixième Olympiade. Zeuxis, Phidias & Polyclète y vécurent alors avec les hommes les plus distingués dans tous les genres : Ictinus, qui fit les Portiques du Temple d'Eleusis, & construisit le Parthénon d'Athènes avec Callicrates, Carpion qui écrivit sur les proportions de ce Temple, furent avec Polyclète même, dont on voyoit le plus beau Théâtre du monde à Epidaure, les plus célèbres Architectes de la Grèce ; Panénus, Parrhasius, Polygnotte, Mycon, Bœthus de Carthage, Mys, Calamis, Phradmon & beaucoup d'autres, se distinguèrent dans la Peinture, la Gravure & la Sculpture ; ils furent contemporains d'Eschyle, de Sophocle, d'Euripides, de Simonides, d'Empédocles, d'Herodote, de Pindare, de Corinne, qui perfectionnèrent l'Eloquence, la Tragédie, & portèrent la Poésie Lyrique au plus haut dégré. Ils purent converser avec Anaxagore, Zénon, Hippocrate, Socrate, Platon, dont les noms font tant d'honneur à la Philosophie ; ils vécurent enfin avec Miltiades, Cimon, Aristides, Thémistocle, Léonidas, Tucydide, Xénophon, célèbres par leurs grandes actions, & ces derniers par les écrits qu'ils nous ont laissés, Phidias fut le confident de Périclès, il vit Alcibiades & beaucoup d'autres grands personnages, auxquels on le comparoit lui-même. La conversation de tels hommes, les glorieux événemens dont il fut témoin, les louanges universelles que ses ouvrages lui attirèrent, élevant son ame & sa pensée jusqu'aux choses les plus sublimes, mirent l'Art en état d'y arriver ; conduit par des circonstances si favorables à sa perfection, mais suivant la pente des choses humaines, qui, parvenues à leur plus haut point, ne peuvent s'y soutenir, & commencent à décliner insensiblement, l'Art ne put se conserver long-tems dans ce dégré de sublimité qu'il avoit atteint ; & quoiqu'embelli par les graces qu'il acquit sous le ciseau de Praxitèles & de Lysippe, comme par le pinceau d'Apelles & de Protogènes, il perdit néanmoins de cette grandeur, de cette prééminence, de cette majesté, dont parle Denys d'Halicarnasse, & qui, suivant Quintilien, rendirent Phidias plus propre à représenter des Dieux que des Hommes: *Phidias tamen Diis quam Hominibus effingendis melior artifex traditur.* Tels étoient les ouvrages, qu'au rapport de Philon, les *connoisseurs & ceux qui ne l'étoient pas, les trouvoient également beaux: les voir* & les admirer, étoit la même chose, dit Cicéron, *ut Phidiæ signum simul aspectum & probatum est;* telle fut enfin la beauté de son Jupiter, qu'elle fit dire à Arrien, que de son tems, on mettoit au nombre des malheurs, celui de mourir sans avoir vu le Jupiter de Phidias.

La Minerve du Parthénon d'Athênes ayant trente-neuf pieds de hauteur, & le pied de la figure en étant la sixième partie, celui de cette Minerve devoit avoir une toise & six pouces de longueur. Elle soutenoit d'une main la statue de la Victoire, dont parle Arrien, & à laquelle Pausanias donne près de quatre coudées, ou une toise de hauteur; cette Victoire n'étoit donc pas, à dix pouces près, aussi grande que le pied de la figure principale; & malgré sa grandeur, elle étoit avec elle dans la proportion nécessaire pour faire un grand effet, sans néanmoins déranger l'*unité* résultante de l'accord de ses proportions, & qui constituoit sa beauté; il en fut de même des figures du bouclier de cette Minerve, où Mys avoit gravé le combat des Amazones sur les dessins de Parrasius, car ce bouclier étant, suivant l'usage des Grecs, égal au corps ou aux trois dixièmes de la statue, devoit avoir moins de douze pieds de diamètre, & ses figures n'étant pas de plus de cinq pieds, ne pouvoient influer sur un *ensemble* de trente-neuf. On juge par ces proportions que l'effet de l'*unité* parut si important, qu'on se fit une loi de la conserver, même dans les parties accessoires. Saint Augustin qui, vers l'an 384, enseigna la Rhétorique à Milan, où vraisemblablement il écrivit un livre, aujourd'hui perdu, sur le *beau*, paroît avoir extrait de ceux des Anciens, cette maxime fondamentale, que toute la forme de *beauté* consiste dans l'*unité*, *omnis porrò pulchritudinis forma unitas est.* L'accord des propositions dont elle résulte, ne permettant à aucune des parties de la figure de prévaloir sur les autres, chacune restant subordonnée au tout, l'œil n'étant pas plus attiré sur une de ces parties que sur tout autre, chaque trait paroissant fait pour l'ensemble, s'y trouvant à sa place de la manière dont il y doit être, pour faire sentir son usage dans la figure, l'esprit satisfait par cet ordre de choses, découvrant aisément le moyen & la fin, n'avoit rien à désirer; & tel étoit l'effet de cette *harmonie* qui conservoit l'*unité* de l'*ensemble*, & forçoit l'œil à ne pas le diviser par parties, que Séneque, Epist. 33, dit positivement : Une belle femme n'est pas celle dont on loue la cuisse ou le bras, mais celle dont l'aspect enleve toute l'admiration que chacune de ses parties mériteroit : *Non est formosa mulier cujus crus laudatur aut brachium, sed illa cujus facies admirationem singulis partibus abstulit.*

L'Art, à force de *comparer* les rapports des différentes parties du corps entr'elles, réussit à faire une *figure* ressemblante à celle de l'homme ; il fit ensuite, en *comparant* les grandeurs proportionnelles de ces parties, *des figures semblables à leur modèle, quoique plus grandes ou plus petites que lui*, par la *comparaison* des formes, relativement au *sentiment habituel* de la figure, il sçut lui donner un *caractère* particulier & les rapports *comparés des mouvemens*, dont ces mêmes formes étoient susceptibles, eu égard au *sentiment actuel* qu'on supposoit à la figure, en déterminant l'*expression*, les *mesures* & les *formes* rassemblées dans un modèle, mais prises en *comparant* celles d'un très-grand nombre de ſujets les plus forts, les plus *vigoureux*, les plus *ſouples*, les plus *agiles*, ou les plus *beaux*, firent connoître les proportions les plus propres à *caractériſer* chacune de ces différentes qualités unies ou ſéparées les unes des autres, & l'on eut par des moyens ſemblables de *comparaiſon* des proportions relatives au *caractère*, comme à la *beauté*, & des formes convenables à l'une ou à l'autre : l'emploi de ces *proportions* & de ces *formes caractériſtiques*, donna le moyen de repréſenter diverſement un Athlète diſtingué par ſa force & ſa vigueur au Penthatle, comme celui d'Agaſias d'Ephèſe, par ſa ſoupleſſe, ſi bien caractériſée dans les deux Lutteurs de la Galerie de Florence, (1) par ſon agilité à la courſe, comme on le voyoit dans le Ladas de Myron, ainſi que dans l'Apollon Pythien du *Belvedere*, & quelquefois par ſon aptitude à pluſieurs de ces exercices, comme on le remarque dans l'Hercule de *Pitti*, qui eſt également bien diſpoſé pour la Courſe & le Pugilat.

Par le choix de ces proportions, relatives au *caractère*, & en même tems à la *beauté*, l'Art put faire reconnoître un Pigmée haut d'un pied dans une ſtatue coloſſale, & donner l'idée d'un Héros de grandeur ſupérieure à la ſtature humaine, par une figure d'une hauteur très-médiocre : un tel emploi des meſures, dont l'accord en ces différens cas, étoit fondé ſur les règles les plus préciſes de ſymmétries, & ſur la variété que l'on peut donner aux rapports des parties entr'elles, ſans toucher cependant à leur harmonie, prouve la grande connoiſſance qu'avoient les Anciens de la nature, & des véritables reſſources d'un Art capable de renfermer un grand tout dans un petit eſpace : *Magni Artificis eſt*, dit Séneque, *Epiſt. LIII*, *clauſiſſe totum in exiguo*.

Ayant parlé des principes ſuivant leſquels on trouva les formes propres à rendre le *caractère*, & venant de montrer la

---

(1.) Voyez *Muſeum de Florence*, *Tome III*, de David.

théorie de ceux par où l'on parvint à la *beauté idéale*, au lieu de m'étendre sur les différens rapports des mesures & des formes appropriées aux différens caractères ; je vais en justifier l'usage fait par les Artistes Grecs, & me servirai pour exemple d'un de leurs monumens décrits par Stace Papinien, qui l'avoit vu.

Les Anciens ornoient leurs tables, ainsi que nous le faisons encore à présent, de petites figures exécutées en métal, ou même en plâtre & en terre coloriées comme nos porcelaines, car on en voit encore une de cette espèce parmi les antiquités tirées des ruines d'Herculanum ; (1) les plus grands maîtres ne dédaignèrent pas de se prêter à ces sortes d'ouvrages, puisque Lysippe, entr'autres, fit un Hercule en bronze, auquel cet usage fit donner le nom d'*Epitrapezius*, ou Hercule *à mettre sur la table.* Dans cette statue d'un *pied dehauteur*, en employant *des proportions* convenables au *caractère* de ce Héros, l'Artiste sçut faire connoître sa *grandeur colossale*, *Sylvar. Lib. V.*

Pariterque gertamina Mensæ
Fingere & ingentes animo versare Colossos.

Par le *choix des formes mesurées sur ses proportions*, la *majesté* du Dieu étoit si bien exprimée, qu'il sembloit s'être montré à Lysippe, & lui avoir permis, comme le dit Srace, de le voir en *petit*, même en lui faisant sentir toute sa *grandeur*.

Tantus honos operi, firmosque inclusa per Artus
Majestas Deus ille Deus, se seque videndum
Indulcit Lysippe tibi. Parvusque videri,
Seutirique ingens.

Au moyen du *caractère* résultant de ces *formes* & de ces *proportions* relatives à lui, bien que dans une figure *d'un pied de hauteur*, le Sculpteur avoit rendu reconnoissable le Héros,

(1) Voyez Antiquités d'Herculanum, par David.

dont la poitrine étouffa le Lion de Némée, les bras qui domptèrent *Anthée*, & qui brisoient les rames du navire *Argos*.

& cum mirabilis intra
Stet mensura pedem, *tamen exclamare libebit.*
(Si visus per membra feras) hoc pectore pressus,
Vastator Nemees : hæc exitiale ferebant
Robur & Argos frangebant brachia remos :
Hoc spatio tam magna brevis mendacia formæ.

Par un pur effet du hasard, en cherchant à *personnifier* Bacchus, la Sculpture découvrit, comme on l'a dit ailleurs, le *caractère* toujours employé depuis dans les figures de ce Dieu ; mais le raisonnement & l'envie de donner une forme *visible* à la *Divinité* même, lui firent rechercher la *beauté idéale* ; & ce fut à mon gré une grande & magnifique idée, que celle de représenter la Divinité sous la forme de la *beauté la plus sublime*, car elle est de toutes les choses connues, c lle qui semble approcher davantage de la *Divinité*, comme celle qui, par la douceur de sa puissance, se concilie le plus d'amour & de respect.

Une telle *beauté*, supérieure par le mécanisme de sa constitution à celle de l'humanité, dont toutefois elle conservoit les formes, étoit bien propre à représenter la figure de ces hommes qu'on supposoit être devenus des Dieux ; c'est effectivement l'idée que fait naître la figure de l'Apollon du Belvedere. Cependant, cette *beauté* étant fondée sur les rapports les plus exacts, & ne pouvant y avoir qu'un seul ordre de *proportions*, les plus *belles* & les plus *parfaites* de toutes ces dernières, une fois trouvées & suivies, rendirent nécessairement *uniforme* & toujours *ressemblante à elle-même*, *la beauté qui en résulta* ; voilà pourquoi la tête de Niobé, formée sur cet ordre de rapports, ressemble beaucoup à la tête de Junon, & ne différe de celle de ses filles, que par l'âge seulement.

Dès qu'une fois la *beauté idéale* fut considérée comme le *type*, d'après lequel on devoit représenter la *Divinité*, on regarda tout ce qui pouvoit l'altérer, pour quelque raison que ce soit, comme ne devant paroître ni dans les *actions*, ni sur les visages des Dieux.

Ainsi les *passions* dont l'agitation trouble l'ame des hommes, dont l'activité se fait sentir dans toutes les parties du corps, qui, par leurs secousses, en ébranlent l'économie, & se peignent plus particuliérement dans les traits du visage, altérant par leurs émotions, l'*harmonie* des formes, & par conséquent la beauté, l'obligation où l'on s'étoit mis de la conserver, conduisit naturellement à l'idée sublime, de *représenter les Dieux comme des êtres incapables d'être mus par aucune passion ;* en cela la Sculpture des Grecs raisonne bien mieux que leur Mythologie.

Néanmoins les *passions* ou les *sentimens* étant les causes principales auxquelles se rapportent les mouvemens de la figure, celles des Dieux représentés sous des formes humaines, devant nécessairement se mouvoir, sans toutefois montrer agir par l'effet des passions, de ces ménagemens à garder dans les représentations que l'Art en devoit faire, résulta cette majestueuse idée, que *les Dieux agissans par la pensée, pour les représenter dignement, on devoit tirer d'elle les principes de leurs mouvemens.*

Dès-lors même, il dut y avoir un rapport marqué entre la *pensée* du Dieu qui *agissoit*, & l'*action* de toutes les parties du corps du Dieu qui *pensoit*. Ce rapport nécessaire dût être tellement indiqué, que l'*action* fit clairement connoître au Sculpteur étonné, la pensée du Dieu qu'il contemploit.

Phidias sçut exprimer cette pensée divine dans son Jupiter

Olympien, qu'au rapport de Pline, personne n'osa jamais imiter, *quem nemo æmulatur ;* elle fit comparer ce Jupiter à celui d'Homere, qui, d'un mouvement de sa tête, ébranloit tout l'Olympe ; la vue de cette statue sublime, fournit à Horace cette sublime image :

Cuncta supercilio *moventis.*

Image différente pourtant de celle d'Homere, & manifestement prise de la Sculpture, qui, ne pouvant donner de mouvement réel aux têtes de ses figures, y supplée par l'intention qu'elle exprime dans le sourcil, & qu'elle fait passer dans l'ame du Spectateur. Horace étoit homme de goût, il avoit voyagé en Grèce, il y combattit à Philippes ; il avoit donc vû les chefs-d'œuvres de Phidias, dont on reconnoit le Jupiter à la peinture qu'il en fait :

Nec viget quicquam simile, aut secundum.

Le hasard ne conduisit assurément pas le ciseau de cet immortel Artiste, des principes semblables à ceux que l'on vient de voir, dirigèrent son esprit & sa main, lorsque, par un nouveau miracle, il produisit la Minerve que Périclés plaça dans le *Parthenon* ; on le reconnoît encore dans ce que dit Horace, lorsque, rompant l'ordre Mythologique, il assigne à Pallas le second rang après Jupiter, pour montrer celui qu'occupoit parmi les statues celle que Phidias en avoit fait.

Proximos illi tandem occupavit
Pallas honores.

Les pensées des Dieux, qui, dans les principes de la Sculpture, ne pouvoient être mûs par aucune passion, étant par là même très-relevées, mais très-simples de leur nature, l'*action* qui devoit y correspondre, fut nécessairement *grande* & *simple*,

&

& par conséquent *majestueuse*. Cette *action* fut déterminée, car la différence des *caractères* peut bien donner plusieurs *actions* pour exprimer un *sentiment*, une *affection*, une *passion* de l'ame, mais il n'y en peut jamais avoir qu'une seule, pour rendre la *pensée* conçue par l'esprit, c'est l'attitude. La *pensée* par rapport à l'Art a donc cela de commun avec le caractère, que comme lui, elle détermine l'attitude, mais elle en differe par ses effets, en ce qu'il n'y a qu'une seule attitude capable d'exprimer une même *pensée*, & qu'il peut y en avoir plusieurs pour exprimer un même *sentiment*; elle en diffère encore plus, en ce que la *pensée* n'a de rapport qu'à l'*action* générale du corps; c'est-à-dire, à l'*attitude*, au lieu que le *sentiment* a rapport avec toutes les parties qui peuvent contribuer à l'exprimer. Ce qui vient de ce qu'excepté les yeux, le front, la bouche & le nez, il n'y a pas une seule partie du corps prise en particulier, qui puisse contribuer directement à l'*expression* de la *pensée*, au lieu qu'il n'y en a aucune qui ne puisse concourir à celle du *sentiment*.

L'*action* des parties du corps ne contribuant à l'*expression* de la *pensée* que par l'*attitude*, les *draperies* ne pouvant par conséquent rien voiler de l'*action* particulière des parties, il arriva de-là que l'on représenta tous les Dieux indifféremment nuds ou habillés. Praxitèle donna aux habitans de Cos le choix de ses deux Vénus, dont l'une qui alla ensuite à Gnide étoit *nue*, & l'autre qui étoit *vêtue*, fut préférée, quoique la *beauté* de la première fût infiniment plus grande que celle de l'autre.

Par la raison de la différence existante entre l'*expression* de la *pensée* & celle du *sentiment*, les Héros agissans par ce dernier, furent représentés nuds, dans ces statues que Pline appelle Achilléenes, & cela, parce que toutes les parties du corps de ces statues pouvant contribuer à exprimer les *sentimens* qui faisoient agir le demi-Dieu qu'elles représentoient, aucunes d'elles ne devoit être cachée.

Du principe fixement établi de la correſpondance réciproque de la *penſée* & de l'*attitude*, découlèrent, comme d'une ſource féconde, toutes celles dans leſquelles on place les Dieux, ſuivant les *circonſtances* & les âges où le génie de l'Artiſte les ſuppoſa, pour mieux rendre les qualités qu'on leur donnoit.

Cette *beauté* toujours *uniforme* des *Divinités*, formées de parties qui, bien que différentes entr'elles, ne permettoient de s'arrêter ſur aucune plus que ſur l'autre, & rappelloit l'œil ſur le tout, fit néceſſairement paroître ces Dieux *ſérieux*, & quelquefois *graves*. La crainte & l'eſpérance, la joie & le chagrin, en raccourciſſant ou allongeant quelques muſcles du viſage, en euſſent néceſſairement dérangé l'enſemble qu'on vouloit maintenir ; ainſi *ils furent repréſentés dans cet état de parfaite tranquillité, que la penſée même ne pouvoit altérer.*

La *beauté idéale*, telle que les Grecs l'avoient conçue, conſiſtant dans l'ordre des parties, dans l'harmonie des meſures, dans la régularité des formes & la ſimplicité des contours, ne pouvant avoir d'autre *caractère* que celui de la beauté même, en étoit d'autant plus propre à repréſenter la *Divinité*, dont la nature eſt exempte de toutes affections capables de donner les *ſentimens habituels* repréſentés par le *caractère* des figures humaines. Si la Théologie Grecque n'eût reconnu qu'une ſeule Divinité, cette *beauté idéale*, incomparable à toutes celles des hommes, eût ſans doute été la choſe la plus digne d'en être regardée comme l'image viſible ; cela eſt ſi vrai, que dans le langage des Saintes Ecritures, l'homme fut formé à la reſſemblance de Dieu, & comme en deſcendant, on va de l'idée de Dieu juſqu'à celle de la forme de l'homme, on pouvoit en remontant aller de l'idée de la forme de l'homme le plus parfait, juſqu'à celle du plus parfait de tous les êtres, c'eſt au moins, en fait de reſſemblance, s'il peut y en avoir entre l'être créé & le Créateur, tout ce que l'esprit humain put concevoir de mieux. Mais cette même Théologie des Grecs reconnoissant plusieurs Divinités, qu'elle étoit accoutumée à distinguer par leurs emplois, leurs occupations, leurs tempérammens différens, l'Art fut obligé, pour les distinguer, de leur donner à chacune un *caractère propre*, ce qu'il fit par les moyens dont nous avons parlé en traitant de cette matière. Dans les figures composées résultantes de cette opération, la *beauté* dominant toujours sur le *caractère primordial*, ne fut presque pas altérée en s'alliant avec lui, ce qui dans la suite contribua à faire méconnoître cette union singulière.

Pour réduire en pratique les principes que l'on vient de voir, quand on eut trouvé les justes *proportions* de la *beauté idéale*, on choisit dans la plus belle nature qu'on put trouver, des modèles parmi les deux sexes, dans l'âge où commençant à se décider, ils sont prêts d'atteindre à la puberté. L'un donna les contours des figures des Dieux, l'autre donna ceux des figures des Déesses. La forme de l'*Amour* ou *Cupidon* résulta des premiers, celle de *Psyché* résulta des seconds. L'Amour parut un peu plus jeune que Psyché, à cause de l'ordre établi entre les sexes, & parce que l'un arrive à sa perfection plutôt que l'autre.

Nous avons dit précédemment que la *beauté* consistoit dans l'exactitude & l'accord des *mesures*, & dans le choix des *contours*, dont le goût, l'étude & la vue de la belle nature firent apprécier le *mérite* & l'*élégance*. Alcibiade encore très-jeune au tems où vêcut Phidias, fut élevé sous la tutelle de Périclès, qui, comme on l'a observé, étoit l'ami particulier de ce grand maître; on voyoit à Rome dans la *Basilique* d'Octavie, la statue de Cupidon, dont on ignoroit l'auteur; elle tenoit la foudre en main, & l'on assuroit, dit Pline, que c'étoit le portrait d'Alcibiade qui fut le plus bel homme de son siècle : *In curia Octaviæ quæritur de Cupidine fulmen tenente ; id demum affirmatur Alcibiadem esse principem forma in ea ætate ;* il fit mettre ce même Cupidon armé du tonnerre sur son bouclier, comme le rapportent Athénée & Plutarque, sans doute pour montrer qu'il n'étoit pas moins redoutable par son courage, que distingué par sa beauté ; & comme il fut dans son adolescence représenté sous la forme de Cupidon, Clement d'Alexandrie, *dans son exhortation aux Gentils*, nous apprend que les Statuaires Athéniens le représentèrent aussi sous la figure de Mercure ; c'est-à-dire, qu'au moyen des *contours* pris du visage d'Alcibiade, employées avec les *mesures* déterminées par les *symmétries*, & raccordées sur le *caractère primordial* de Mercure, on eut la figure de ce Dieu, comme nous avons vu qu'anciennement on avoit eu celle de Bacchus, par les *contours* & les *formes* prises du visage de Pysistrate, & raccordées avec le caractère primordial de ce même Dieu. Plutarque assure que *la beauté d'Alcibiade se maintint toujours florissante en son enfance, en son adolescence, & encore après qu'il fut devenu homme parfait ; de manière qu'elle le rendit plaisant & agréable pour toutes les saisons de son âge.* Cette *beauté* prise d'abord dans l'*adolescence*, & ensuite dans un âge un peu plus avancé, ayant fourni successivement les *contours des formes* de la figure de Cupidon & de celle de Mercure, nous découvre la marche de la Sculpture dans la formation des figures de tous les autres Dieux ; les contours du visage d'Alcibiade, pris vers l'âge de douze à treize ans, & arrangées sur les *proportions harmoniques* qui constituent la *beauté idéale*, fournirent le premier *Type* & la figure de *Cupidon*, celle de *Psyché*, également prise de quelque belle personne de son sexe, fournit le second *Type*.

La figure de *Cupidon* alliée avec le *caractère* primordial de Mercure, & celle de *Psyché*, prises l'une & l'autre vers l'âge de seize à dix-huit ans, donnérent les figures de

Mercure & de Vénus.

La joie, si naturelle à la jeunesse, dont Vénus est la mère, eut altéré la *beauté* de cette Déesse, comme celle de Mercure; pour se conformer à la régle, on les représenta dans cet état de contentement, qui manifeste la tranquillité de l'esprit, l'accord de l'ame, l'équilibre des pensées; d'où il arriva qu'ils parurent les moins *sérieux* de tous les Dieux. Qu'on regarde toutes les figures de l'Antique, on ne verra pas une seule Vénus, un seul Mercure qui ne justifie ce que je dis ici.

Deux autres types, pris avec le *caractère* donné dans le même ordre de proportions & de contours, mais dans un âge un peu plus avancé que n'étoit supposé celui de Vénus & de Mercure, donnèrent par-là même des figures un peu plus *sérieuses*. Ce sont celles

d'Apollon & de Diane.

A ces derniers, l'Art fit succéder deux autres types qui furent, par rapport à eux, ce qu'ils étoient à l'égard de ceux qui les précédoient, ce qui donna des Dieux encore plus sérieux & les figures

De Bacchus & de Minerve.

On voit au Capitole une très-belle tête en marbre, couronnée de lierre, elle a le front ceint d'un diadême, comme celle du Bacchus en bronze tiré d'*Herculanum*; comme elle, & pour les raisons dont nous avons déjà parlé *dans ce Volume*, cette tête est légèrement panchée sur le côté, les cheveux de l'une & de l'autre se divisent sur leur front, pour indiquer les cornes de l'ancien Bacchus. Celui d'*Herculanum* est vraisemblablement pris sur les *contours* du visage de Pysistrate ; mais le Bacchus du *Capitole* est assurément modélé sur les *contours* du visage d'Alcibiade, dans un âge un peu plus avancé que celui où ces mêmes contours furent employés dans les figures de Cupidon & de Mercure ; car on le reconnoît manifestement, en comparant cette tête à celle de plusieurs Mercures, entr'autres, à celle de la belle statue de ce Dieu en bronze qu'on voit à *Portici*. Dans ce Bacchus du *Capitole*, la *beauté* des deux sexes se réunit dans l'âge où elle est arrivée à sa perfection : tel Alcibiade fut représenté par Aglaophon sur les genoux de Némée ; sa beauté étoit si grande dans cette peinture, qu'Athénée dit qu'elle eut paru indécente même dans une femme : *Facie pulchriore quam deceret mulierem ;* cette sorte de beauté, qui tient de celle des deux sexes, propre au seul Alcibiade & à Bacchus, fait prendre à un très-savant homme la tête dont on parle ici, pour celle de *Leucotea*, c'est un erreur manifeste, le diadême qu'elle porte ayant donné lieu à cette méprise, il faudroit, pour être conséquent, regarder le Bacchus de *Portici* comme une Leucotea, puisqu'il porte aussi ce Diadême ; mais sa barbe éloigne nécessairement une telle idée. Cette belle tête de Bacchus est représentée à la *Planche* 55 *de monumenti inediti* de M. l'Abbé Winckelmann.

La même distance d'âge, qui étoit entre les seconds & les quatrièmes types, observée dans ceux qui devoient les suivre, éloigna ces derniers de ceux qui les précédoient immédiatement, plus que ceux-ci ne l'étoient d'Apollon & de Diane ; ce qui donna des *caractères sérieux* & tout à la fois *graves*, & l'on eut les figures

De Neptune & d'Amphytrite.

La pensée plus sensible & plus profondément caractérisée

dans la phyſionomie des Dieux qui ſuivent, en augmenta le *ſérieux* & la *gravité*, ce ſont

Pluton & Proſerpine.

Mais le *ſérieux* de la *penſée* & de la *réflexion* profonde, fut encore prononcé plus particuliérement dans le plus grand des Dieux, comme étant ſuppoſé occupé des ſoins les plus importans. Cet air *ſérieux*, également employé dans les figures de la première de toutes les Déeſſes, donna à l'un comme à l'autre cette contenance pleine de *gravité*, dans laquelle le ſérieux qu'on obſerve dans l'air des autres Dieux, paroît abſorbé. Par-là ils parurent manifeſtement les plus anciens de tous, ſans pourtant ſembler plus âgés que les deux précédens, & l'on eut

Jupiter & Junon.

Les formes de ces deux Divinités, avec les marques d'un âge un peu plus avancé & des traits moins grandieux, comme plus anciens & moins puiſſans, produiſirent les figures de

Saturne le père du Tems, & de Rhea la mère des Dieux.

La *gravité* portée plus loin qu'on ne le fit dans la contenance de Jupiter & de Junon, eut marqué de la *mélancolie;* cette froide affection de l'ame, qui, plus concentrée que les autres paſſions, ſous une apparence plus tranquille, en a pourtant toute la violence; elle eut pu toucher à la beauté des plus vénérables des Dieux: ainſi l'on évita comme un ſacrilége de porter la *gravité* de Jupiter & de Junon juſqu'à ce dégré. Le *ſérieux* diminué au-deſſous de celui de Mercure & de Vénus, eut manifeſté la gaîté, dont l'effet, quoiqu'aimable, en ajoutant peut-être à leurs agrémens, eut cependant diminué la beauté dont Vénus eſt la Déeſſe; pour s'aſtreindre à la loi, on ſe contint entre le *ſérieux* de Vénus & de Mercure, & la *gravité* de Junon & de Jupiter, comme entre deux termes immuables qu'il n'étoit pas permis de franchir. L'un fut au-dessus de la *gaîté*, l'autre au-dessous de la *Mélancolie*. Les deux premiers *types* devinrent le *fondement* de tous les autres, car les suivans représentoient la même *beauté*, s'avançant insensiblement par tous les dégrés de la vie humaine, & devenue d'autant plus *sérieuse*, plus *grave* & plus *pesante*, qu'en passant par ces différens dégrés, ses traits prirent des formes plus décidées, en gardant néanmoins toujours dans ce changement, l'exacte correspondance qu'ils avoient entr'eux, dans le tems florissant de la jeunesse.

On contint donc la *beauté*, entre le moment où elle est dans sa fleur, & celui où elle touche à sa maturité. Elle n'étoit pas encore tout-à-fait formée avant l'âge de Vénus & de Mercure, elle commençoit à décroître & à se flétrir après celui qu'on donnoit à Jupiter & à Junon.

On renferma de même, s'il est permis de s'exprimer ainsi, la *pensée* & le *sérieux* qu'elle produit entre deux limites, propres à désigner le *contentement* de l'esprit & la *satisfaction* de l'ame, naturels aux deux âges auxquels on les attribuoit. Dans Vénus & Mercure, c'étoit le contentement, la pensée de la jeunesse, ordinairement plus occupée à jouir qu'à réfléchir; dans Jupiter & Junon, c'étoient la *tranquillité*, le *sérieux*, la *pensée profonde* de l'âge mûr, qui, s'occupant avec plaisir des plus grandes choses, se charge avec goût des soins les plus importans.

Dans l'âge de Cupidon & de Psyché, la *beauté* se pare de tous les attraits de la simplicité & de l'innocence; vers celui de Mercure & de Vénus, elle brille de tout l'éclat des graces; c'est dans les contours & les formes propres à cet âge heureux, que l'Art, en suivant les mêmes maximes qui l'avoient conduit à la découverte de la *beauté* purement idéale, chercha la *grace*

dont

dont Appelle orna ses chefs-d'œuvres; & comme elle étoit prise des traits distinctifs de Vénus, les Latins lui donnèrent le nom de *Venustas*.

Plus éclatante, plus remarquable, & ce qui importoit sur toute chose, plus commune à trouver dans la jeunesse que dans tous les autres tems de la vie, la *beauté* choisie dans cet âge, pour former celle des Dieux les plus jeunes, devint le *fondement* de celle des Dieux les plus anciens. L'Art paroissant confondre en cette occasion sa marche avec celle de la nature, sçut faire paroitre la *beauté* des Dieux les plus jeunes, comme venant de celle des Divinités dont on les supposoit issus; par ce moyen ingénieux, il fit reconnoître le fond de la physionomie de Jupiter & Junon, dans celle de tous les Dieux & toutes les Déesses de la famille de Saturne, quoique Junon ne fut effectivement la mère d'aucune d'elles; mais comme elle étoit la sœur & la femme du père commun de tous les autres Dieux, cela suffit pour autoriser ce principe de ressemblance, & la Sculpture rendit aussi vraisemblables qu'il étoit possible les absurdités de la Mythologie.

La conséquence tirée de ces maximes, est justifiée par l'inspection de toutes les têtes antiques qui représentent des Divinités. Je l'ai vérifiée sur les Médailles, les Bustes & les Pierres gravées : les physionomies du Jupiter, de Pluton & Neptune, ressemblent si fort l'une à l'autre, que souvent les Antiquaires les ont confondues ; celle du Bacchus Barbu approche fort de celle de Neptune. Rien n'est plus voisin de l'air de tête de l'Apollon *Pythien*, que cellui du Bacchus conservé au *Capitole*, dont il a été parlé plus haut ; dans ce dernier, on voit une Analogie frappante avec la physionomie du beau Mercure de *Ludovisi*. Les traits du visage de tous ces Dieux originairement formés sur ceux de l'Amour, se rapportant à ceux de Jupiter, comme ces derniers se rapportoient à ceux de

Saturne, paroiſſoient tenir cette reſſemblance de leur filiation, qui commençoit à ce Dieu ; ces obſervations ſont d'autant plus utiles, qu'elles peuvent ſervir à faire ſûrement reconnoître les différentes Divinités, dans les marbres dont les têtes ont été ſéparées du corps auquel elles appartenoient, & dans les pierres gravées, où ſouvent elles ſe trouvent ſans aucun attribut ; elles n'en avoient pas beſoin pour être reconnues des Anciens, cet ordre de choſe y ſuppléant ſuffiſamment par rapport à eux.

Les figures des Dieux, depuis Cupidon & Pſyché juſqu'à Bacchus & Minerve, repréſentèrent dans tous leurs agrémens, les trois ſaiſons les plus brillantes de la vie ; l'adoleſcence, la puberté, l'âge viril; depuis Bacchus juſqu'à Jupiter, elles repréſentèrent l'âge mûr diviſé en ſes différentes périodes, mais toujours accompagné de la ſanté la plus conſtante, fondée ſur une conſtitution dont la force ſembloit inaltérable ; par-là, ces Dieux paroiſſoient n'être pas *vieillis*, mais ſeulement être devenus plus *robuſtes* en avançant en âge. Saturne & Rhéa repréſentèrent le point précis, au-delà duquel il n'y a plus que l'arrière ſaiſon, qui cependant n'exiſtoit pas encore pour ces Divinités.

Quoique dans les meilleurs tems de la Sculpture, on ait employé dans les figures des Dieux, les *contours* des traits du viſage d'Alcibiade, ces *contours* ne furent cependant pas les ſeuls dont on ſe ſervit pour les repréſenter. La théorie de l'Art preſcrivoit, comme on l'a vue, le *caractère* convenable à chaque Divinité, & la règle des ſymmétries détermînoit les *proportions* néceſſaires à la *beauté idéale* ; mais elles abandonnoient au goût du Sculpteur la liberté de choiſir dans la plus belle nature, les *contours* de ſes *types primordiaux*, & d'y prendre les formes qu'il lui plaiſoit davantage : de ces deux *types*, il pouvoit enſuite tirer ceux de tous les autres Dieux, en ménageant leurs traits ſelon la *méthode* ſuivie par Philocarès, quand il représenta dans un même tableau le père & le fils ; l'un très-âgé, l'autre très-jeune, & cependant parfaitement ressemblans, sauve la différence de l'âge : *Salva œtatis differentia*, dit Pline, *lib. XXXIX.* Au moyen de cette pratique, l'Artiste parvenoit aisément à donner à ses figures une *beauté* différente de celle qu'avoient les Dieux, dont les *types primordiaux* étoient formés sur des *contours* différens de ceux qu'il avoit choisis pour les siens ; néanmoins, par une suite de ce méchanisme, toutes leurs figures devoient nécessairement se rassembler pour le fond, parce que les *maximes* & les *proportions* employés pour trouver & rendre le *caractère* & la *beauté* de ces Dieux, étoient les mêmes pour tous ceux qui les représentoient. Ils arrivoient donc à-peu-près au même but, par des routes peu distantes l'une de l'autre.

En associant au *caractère prescrit*, & aux *mesures assignées*, les *contours* du visage de cinq ou six belles personnes, prises dans l'âge où l'on supposoit *Cupidon* & *Psyché*, le Sculpteur se formoit cinq ou six *types* différens, desquels il tiroit à son gré cinq ou six suites de figures des Dieux, toutes différentes, si on les comparoit une à une, bien que toutes ressemblantes par le fond du *caractère*, comme par le fond de la *beauté*. Voilà comment, sans se répéter, un même Sculpteur put faire vingt statues de la même Divinité, en lui conservant toujours le *caractère* & la *beauté* qui lui étoient propres. Voilà comment la Vénus d'Agoracrite put différer de celle d'Alcamene sans être moins belle qu'elle ; voilà pourquoi on admiroit à la fois, & souvent également, trente Minerve de trente Artiste divers, sans que la réputation de l'une nuisit à celle de l'autre, voilà comment ces Artistes n'avoient pas besoin de se copier les uns les autres, & ne cherchoient à étudier dans les ouvrages des plus habiles, que la manière dont ils avoient employé les maximes de l'Art ; voila enfin comment des Statuaires, tous originaux, travaillans dans le même genre, & souvent de concert sur une même figure, purent être rivaux sans être jaloux, & concourir sans dispute à la gloire & aux progrès de leur Art.

Des statues représentant des êtres, *de la beauté la plus attrayante*, depuis Psyché jusqu'à Amphitrite, & depuis Cupidon jusqu'à Pluton, des êtres *dont l'action n'étoit produite que par la pensée*, & qui ne *paroissoient mûs par aucune passion*, devoient offrir à l'imagination du spectateur des figures, dans lesquelles l'air le plus signalé de *grandeur* se trouvoit allié à la *beauté* la plus *sublime*.

Des êtres moins jeunes, mais aussi beaux que les premiers, *agissans comme eux par la pensée*, mais par une *pensée* plus *profonde* & plus *réflechie*, devoient encore paroître dans un plus grand repos, & présenter à l'imagination étonnée les figures les plus *imposantes* & les plus *majestueuses*, dont il soit possible de concevoir l'idée. La barbe ordinairement resserrée pour ceux-ci, le pli de leurs cheveux, plus amples, plus relevés, plus touffus que ceux des Dieux plus jeunes, l'espèce de diadême naturel que ces cheveux, en retombant d'eux-mêmes, formoient sur leurs têtes, la grandeur de leurs muscles, indice de leur puissance. les formes peu exercées de ces mêmes muscles, destinées à montrer par cette disposition, que les Dieux agissoient par leur volonté, sans avoir besoin d'employer leurs forces, contribuoient encore à relever l'air de *majesté* des uns, & à faire valoir par la comparaison l'air de *grandeur* des autres.

Ainsi la *beauté* réunie à la *majesté* éclatante, dans les figures des Dieux les plus anciens, comme la beauté réunie à la *grandeur*, brilla dans celle des Dieux les plus jeunes ; l'air de *noblesse alliée* à la *beauté*, distingua les demi-Dieux, desquels on approcha plus ou moins l'air des autres hommes, suivant leurs inclinations & leurs états.

Nous avons vu quelles marches on ſuivit pour détermi-ner les *caractères* des Faunes, des Satyres, ſpécialement mûs par les *paſſions*, leur nature ſe trouvant par conſéquent dif-férente, & même toute oppoſée à celle des autres Dieux, la *beauté* qu'on lui donne fut fondée ſur des principes d'un autre ordre, & priſe uniquement du *caractère* qui leur étoit propre.

D'après les maximes établies ci-deſſus; quand un Artiſte ſe propoſoit de faire la ſtatue d'un Dieu ou d'une Déeſſe nou-velle, il lui étoit aiſé d'en trouver la forme; lorſqu'on voulut, par exemple, repréſenter Eſculape & Hygie, ſa fille, qui pré-ſidoient à la *Médecine* & à la *Santé*, l'importance & la gra-vité de leurs emplois déterminèrent à les placer au-deſſus des Héros, & à les figurer comme des Dieux; ſans égard à la filiation d'Eſculape, on chercha la *beauté* qu'on vouloit lui donner au-deſſus du *type* d'Apollon qui préſidoit à la Poéſie; cet Art étant regardé comme moins *profond* & moins *ſérieux* que la Médecine, ce ne fut pas de l'ordre de la naiſſance d'*Eſculape* que fut pris ſon âge; mais de celui de la ſcience à laquelle on le fit préſider; ce qui détermina le *type* de ſes ſtatues entre ceux de Bacchus & de Neptune, d'où vint que les figures de ce nouveau Dieu l'approchent plus de l'*âge* & de la *gravité* de Jupiter, que celle d'Apollon même, dont cependant il étoit fils. Hygie fut placée entre Minerve & Diane, elle parut d'un dégré plus jeune que ſon père, & ſa *beauté* qui tenoit de celle de ces deux Déeſſes, en fut pourtant différente.

On me demandera, ſans doute, où j'ai puiſé ce que je regarde comme les principes des Anciens, quels ſont les livres qui me les ont fournis, ſur quelle autorité je me fonde? A quoi je réponds, que ſi ces principes ſont vrais, ſolides, fé-conds, s'ils expliquent bien les monumens, & développent les procédés de l'Art des Anciens, c'eſt aſſurément d'eux que je les tiens, puiſque c'eſt dans leurs ouvrages mêmes que je les ai appris ; qu'un long examen de leurs chefs-d'œuvres, que la comparaiſon des uns aux autres, & l'analyſe des ſentimens répandues dans leurs écrivains ſur ces matières, m'ont rendu ces principes plus ſenſibles, que, ſans doute, ils ne me l'auroient paru, en les liſant dans les écrits mêmes de Ménechme ſur la *Statuaire*, & dans ceux qu'Appelle & Polyclète écrivirent; car je ne les aurois peut être pas compris ſuffiſamment, ſi les ſtatues, les buſtes, les pierres gravées, les bronzes, les peintures anciennes que j'ai obſervées avec ſoin, m'euſſent manqué. C'eſt-là que j'ai puiſé ces maximes, c'eſt-là que j'ai appris, qu'il eſt encore plus facile par leur moyen de trouver ces livres précieux, qu'il ne le feroit avec ces livres mêmes, de former des Artiſtes capables de nous rendre ces précieux monumens, ſi le tems nous les eut enlevés, comme il a fait tant d'autres belles choſes.

L'Art fut totalement interrompu pendant un eſpace d'environ cent cinquante ans, à prendre depuis la cent vingtième, juſqu'à la cent cinquante-cinquième Olympiade, *centeſima vigeſima Eutychides, &c ceſſavit deinde Ars, ac rurſus Olympiade centeſima quinquageſima quinta revixit*, Pline, *lib* XXXIV. Euclide, dans la cent vingt troiſième Olympiade, raſſembla dans ſes quinze Livres des *Thèorêmes* Géométriques, dont il ne publia pas les *Démonſtrations* : telle étoit alors la manière d'écrire ſur les Sciences & les Arts; content d'établir des *principes* & de fixer des *meſures*, dont l'expérience & le raiſonnement avoit fait reconnoître la ſolidité & la juſtice, les Maîtres vouloient que leurs Elèves cherchaſſent les *raiſons* de ces *principes* & de ces *règles*, dans cette *Philoſophie* qui les fit découvrir, en dirigeant tacitement l'eſprit des Arts ; & comme ils penſoient que la ſeule *pratique* de la Peinture & de la Sculpture devoit apprendre la *Méthode* d'employer ces mêmes *règles* & ces mêmes *principes*, ils négligèrent d'écrire les raifons de la méthode qu'ils employèrent ; le difciple voyant travailler fon maître, raifonnoit fur fes opérations, les comparoit avec les exemples donnés par les grands Artiftes, & le devenoit bientôt, parce qu'ayant appris l'Art par lui-même, il finiffoit par en connoître toutes les vues, & par le fçavoir parfaitement.

Telle fut la manière dont s'inftruifit Charès de Linde, comme le dit Quintilien : *Charès Lïndius à Lyfippo ftatuas facere non ifto modot didicit, ut Lifippus caput oftenderet Myronis, brachia Praxitelis, pectus Polycleti ;* fed omnia coram magiftrum facientem videbat *cæterorum opera vel fua fponte confiderare poterat.* Lyfippe lui-même n'avoit point eu de maître, à ce que Duris prétendoit, malgré le fentiment de Cicéron. Eupompe, en lui montrant une multitude d'hommes, lui apprit que *c'étoit la Nature, & non l'Artifte qu'il devoit imiter.* Il falloit avoir du génie pour s'inftruire de cette manière, & ceux qui n'en avoient pas, ne pouvant s'avancer, étoient contraints d'abandonner une carrière à laquelle ils n'étoient pas propres. Voilà pourquoi, parmi le nombre prodigieux de ftatues exiftantes en Grèce, au tems de Paufanias, on n'y trouvoit que trois copies.

Dans les cent cinquante ans pendant lefquels l'Art fut interrompu, la connoiffance des *méthodes* anciennement employées, s'étant perdue avec leur ufage, les *principes* établis dans les livres de Polyclète, de Ménechme & d'Appelles, ne furent plus conçus comme ils l'étoient de leurs tems, où cette *Méthode* leur fervoit de *Commentaire ;* d'où il arriva qu'après cette époque, l'Art ne put jamais reprendre ce dégré de fupériorité qu'il avoit atteint par leur moyen ; c'eft auffi la raifon pour laquelle on trouve plus de traces des chofes que j'ai dites ici, dans les *ouvrages* que dans les *écrits* des Anciens fur ces matières, car ces écrits font tous poftérieurs à la cent cinquante-cinquième Olympiade.

A l'aide des *mesures* & des *principes*, établis par les Artistes qui précédèrent la cent-vingtième Olympiade, ceux des tems de la restitution de l'Art exécutèrent encore de belles choses, quoique, selon Pline, ils fussent très-inférieurs aux premiers : *Cum fuere longè quidem infra prædictos, probati tamen. Antæus, &c.* Ce même auteur assurant qu'on *préféroit* le *Laocoon* à tous les ouvrages de Peinture & de Sculpture existans de son tems à Rome, où cependant on voyoit la belle Vénus de Phidias, les Niobés de Scopas, & beaucoup de statues de Praxitèle & de Lysippe, semble nous indiquer que ce groupe de *Laocoon* doit nécessairement être antérieur à la perte des *méthodes* anciennes, & par conséquent à la cent vingtième Olympiade : si l'on considere, que Lysippe, Praxitèle & Scopas même, qui vécut vers la quatre-vingt-quatorzième Olympiade, donnèrent le poli à leurs ouvrages, & que le *Laocoon* est exécuté seulement avec le ciseau ; on verra qu'il doit avoir été fait avant Scopas, vers le tems même de Phidias & de Polyclète.

Pour des raisons toutes semblables, le beau buste Bacchus en bronze conservé à *Portici*, étant un chef-d'œuvre de l'Art, il fut nécessairement exécuté avant à la perte des anciennes *méthodes* ; & comme la tête de ce buste, comparée au col, seroit petite par rapport au reste du corps, comme les cheveux en sont admirablement bien travaillés, & comme on y remarque d'ailleurs la plus grande élégance dans les moindres parties, cela m'a fait dire ci-dessus, que je croyois reconnoître la main de Lysippe dans ce rare morceau, car ce sont les caractères que Pline donne expressément à ses ouvrages, *lib. XXXIV. Statuairæ Arti plurimum traditur contulisse capillum exprimendo, capita minora faciendo quam antiqui. . . . . . Propriæ hujus videntur esse argutiæ operum, custodite in minimis quoque rebus.*

Explications.

Explication des Peintures, contenuès dans ce quatrième Volume.

PLANCHE PREMIÈRE.

On voit ici deux Amazones avec les cuirasses consacrées à Bacchus, telles qu'on les a déjà observé dans plusieurs Peintures de cet Ouvrage. L'expédition de ces femmes guerrières étoit fameuse chez les Grecs, ils peignirent leur combat contre Thésée & les Athéniens, au milieu du *Pœcile* d'Athènes, *Pausan. in Attic.* Le tombeau d'Hyppolyte leur Reine, se montroit à Mégare. La branche d'olivier placée dans cette composition, montre, à ce que je crois, qu'on y a voulu représenter une fête de Bacchus, célébrée dans l'Attique par les Amazones, durant le cours de la guerre qu'elles y portèrent.

PLANCHE VII.

Avec le vase d'eau lustrale, ce Génie porte le *Van* mystérieux d'Iacchus, dont la consécration est marquée par la bandelette placée au-dessus de cet instrument sacré. On y a peint la forme de l'étui des indications du Soleil, & l'on voit celle de la Lune ou Cérès tout à côté de ce *Van.* Mais une chose digne d'observation, c'est à mon gré la petite branche d'olivier, qu'on voit sous ce Génie, car elle marque toujours les scènes mystiques d'Eleusis, & fait soupçonner que tous les Génies représentés dans ces Peintures, sont copiés d'après ceux qui en jouoient les rôles dans les fêtes consacrées à Bacchus & à Cérès.

On a déjà vu que les Prêtres attachés aux mystères, figuroientpar leurs habillemens, le *Démiourgos*, *Mercure*, *le Soleil & la Lune*; c'est-à-dire, *Apollon* & *Diane.* Il est donc bien vraisemblable que d'autres personnages représentoient de même ces Faunes, ces Satyres, ces Génies. Ceux-ci sont ordinairement coëffés, comme l'étoient les femmes de ces tems-là. Apulée, témoin de ces fêtes, nous dit que, dans les déguisemens qui s'y pratiquoient, il vit « des hommes chaussés avec » des patins dorés, vêtus de robbes de soie, parés de joyaux » précieux, ayant leurs cheveux relevés sur le haut de la » tête, *adextis capite crinibus*, & représentant des femmes par » la molesse de leurs démarches ». Ceci rend pleinement raison de ce que nous voyons tous ces Génies tenir aux deux sexes; car c'étoit, sans doute, pour montrer qu'ils étoient regardés comme des êtres mitoyens entre les Dieux & les hommes qu'on leur donnoit un état moyen entre les uns & les autres. Mais pour donner une idée de cet état dans les représentations de ces Génies, on choisissoit des jeunes gens à cet âge où les parties du corps n'ont pas encore pris toute leur consistance, l'adolescent ressemble pendant quelque tems à une belle fille; pour augmenter encore cette ressemblance, on lui relevoit les cheveux sur la tête, suivant l'usage des filles Grecques, ce qui les rendoit précisément tel qu'on voit les Génies dans ces peintures, aux aîles près, qu'il étoit aisé de leur attacher.

Le même auteur ajoute, que dans ces fêtes, on voyoit un âne aîlé, précédé d'un homme représentant Bellérophon, ces déguisemens, encore en usage chez nous, me font croire que les Anciens choisissoient, afin de les rendre plus vraisemblables, les jeunes gens les mieux faits, souvent même les plus belles filles, pour représenter les Dieux ou les Déesses. Tel dût être le modèle de l'Ariane dessinée dans l'Apothéose de Bacchus, *Plan.* 57 *du Vol. II.* Ainsi, dans nos processions, on voit encore des enfans vêtus de peau d'agneau, avec une croix à la main, représenter Saint Jean-Baptiste, des jeunes filles figures des Vierges Saintes, & dans nos Bals, comme sur nos Théâtres, on voit l'Amour avec des ailes, Mercure avec des talonières, représentés par des Acteurs, dont la taille & la figure devroient toujours convenir au rôle qu'on leur fait jouer; que la chose se pratiquât ainsi chez les Anciens, c'est ce dont il sera difficile de douter, si l'on fait attention à ce passage, où Lucien parle de la danse : *ceux du Pont & de l'Ionie sont tellement touchés*, dit-il, *de la Fable de Bacchus, quoiqu'elle soit ridicule, que toutes les fois qu'on la joue, ils passent les jours entiers à voir sauter des Titans, des Satyres & des Corybantes*, & les principaux se piquent plus de réussir à les représenter, *que de leur noblesse & de leurs dignités.*

D'après ces autorités combinées avec les monumens, je crois donc que ces peintures, soit historiques, soit mystiques, sont la représentation des Scènes en usage dans les fêtes & les mystères des Anciens; & je me le persuade d'autant plus, qu'il me semble voir dans ces nudités si agréables pour les Grecs, l'origine des plaintes des premiers Chrétiens contre les scandales, dont elles pouvoient être cause, & des reproches que leur firent les Pères, des excès qui s'y commettoient sans doute quelquefois; car assurément une belle Ariane présentée nue, comme on la voit ici, ne pouvoit manquer d'inspirer des desirs, & de procurer des rivaux véritables au Dieu feint dont elle étoit la compagne.

PLANCHE VIII.

Faune assis sur une *Amphora* ou Tonneau de terre cuite, une femme lui présente le *Rhitum*, sorte de vase à boire, fait à l'imitation d'une corne de bœuf; comme il étoit spécialement consacré à Bacchus, on le rencontre dans presque toutes les Bacchanales : ce vase, orné des têtes des différens animaux, se trouve fréquemment parmi ceux qu'on a recueilli dans cet ouvrage.

PLANCHE X.

L'indication qu'on voit près du Génie, est celle des Pleïades, sans doute pour marquer leur influence sur la navigation; car ce ne peut être par rapport à Thétis, femme de Pélée, puisque les Pléïades étoient petites-filles d'une autre Thétis, femme de l'Océan, & mère de Pleïone :

Hinc Sata Pleione cum Cœlifero Atlante
Jungitur, ut fama est, Pleïadesque parit.
Ovid. *Fast. Lib. V.*

PLANCHE XII.

Représentation d'une fête de Vénus, reconnoissable à la Colombe, comme à la bandelette placée sous elle, ainsi qu'aux branches de myrthe répandues dans toute cette composition, & aux ceintures de perles qu'elle & ses Prêtresses portent ici.

Deux *indications* sont posées sur la colonne symbolique de Bacchus; l'une paroît être la Pomme de Pin, symbole de ce Dieu, comme de Cybelle; l'autre est, à ce qu'on peut croire, le *Bœtile* en forme de petit vase fait pour indiquer Vénus; la figure armée représente le Dieu de la Guerre; on connoît ses liaisons avec la Déesse à qui cette fête étoit consacrée. Souvent on la représentoit armée; telle elle étoit, au rapport de Pausanias, dans ses Temples à Lacédémone, à Corinthe même, & ailleurs. Plusieurs pierres gravées nous ont conservé la mémoire de cette manière de la représenter.

Athénée nous apprend, *Lib. XIII*, que les honnêtes femmes & les courtisannes célébroient dans Corinthe, les unes après les autres, les fêtes de Vénus, qu'on appelloient *Aphrodisiennes*; c'est-là que cette Déesse avoit un Temple fameux, où plus de mille courtisannes, consacrées à son service, se livroient à ceux qui les désiroient. Le concours des Etrangers y étoit incroyable ; c'étoit, dit Strabon, *Lib. VIII*, une source abondante de richesses pour cette ville, dont le luxe & la dépense ruinoient les Négocians, les Hôtes & les Navigateurs, d'où vint le proverbe connu, *il n'est pas permis à chacun d'aller à Corinthe ;* de cette école célèbre sortirent les six fameuses courtisannes dont le Scholiaste d'Aristophane nous a conservé les noms, *ad Plut.* Laïs & Cyrène en étoient les plus renommées ; l'habileté & l'expérience de cette dernière la fit appeller, *i. e. duodecima instructa technis*, Aristoph. in Ran.

PLANCHE XIII.

Le jardin des Hespérides est le *lieu de l'action* exprimée dans cette peinture, comme il l'est de celles des *Planches XX* & suivantes, *du second Volume.* Bien que ce *lieu* soit le même, les sujets de l'une & des autres sont néanmoins fort différens, car ces derniers représentent Hercule, cherchant avec les Argonautes les pommes d'or, dans les jardins d'Atlas, & la course d'Atalante & d'Hippomène ; mais celle-ci nous donne la représentation d'une fête célébrée par les Hespérides mêmes, à l'honneur de Vénus & de l'Amour ; les branches d'olivier, également employées dans toutes ces compositions, montrent que leur objet est de représenter ces Scènes *que* l'Histoire *& les* Fables *des autres Régions fournissoient*, comme le dit Aristide, *aux Spectacles Mystiques d'Eleusis.*

On y voit le Serpent *gardien* de ces jardins fabuleux, Alcyone lui donne à boire dans un vase ; c'est elle, dont Batyclès de Magnesie dessina l'enlévement par Neptune, sur le fameux trône d'Amyclée. Cet Artiste avoit placé dans le même endroit, Taygete, sœur d'Alcyone, enlevée par Jupiter, elle fut mère de Lacédémone ; on la reconnoît dans cette peinture, à sa robbe ouverte par les côtés, suivant la manière des filles Lacédémoniennes.

Maïa, mère du Dieu Mercure, & par-là même la plus distinguée de toutes les filles d'Atlas & de Pleïone, est pour cette raison dans un habit plus riche que ceux de ses autres sœurs; elle semble arranger dans une cassette les pommes cueillies par Electre, qui fut à son tour aimé de Jupiter.

Maïam atque Electram, Taygetemque Jovi.
Ovid. *Lib. IV. Fast.*

La cinquième, c'est peut-être Stérope, prend sur une ciste le miroir symbole de Vénus, tandis qu'un Amour tient l'oiseau de cette Déesse prêt à le renfermer dans la cage destinée à le garder : ces deux circonstances déterminent à croire que la fête représentée dans ce Tableau, étoit consacrée à cette Déesse & à son fils, sans doute pour faire sentir l'influence de leur pouvoir sur *les destinées* des Hespérides, puisqu'à l'exception de Mérope, toutes les autres eurent des Dieux pour pères de leurs enfans. C'est la raison pour laquelle Céléno, la plus belle d'entr'elles, présente une couronne de roses à l'Amour; la ceinture qu'il tient en l'air, paroît être la marque de cette union des filles d'Atlas avec les Dieux.

Connues dans le Ciel Astronomique sous le nom de *Pleïades*, les Hespérides y forment les six étoiles de la tête du Taureau céleste; deux sont placées sur ses cornes, deux autres sur ses narines, les deux dernières en ferment les yeux; l'une de celles-ci brille beaucoup plus que sa compagne; on l'appelle l'œil du Taureau. C'est *Maïa*; Aratus dit, *in Astronom.* La septième ne se voit plus depuis longtems dans cette constellation, on l'appelloit Mérope.

Septima mortali Merope tibi Sisyphe nupsit,
Pœnitet, & facti sola pudare latet.
Ovid. *idem.*

Elle eſt ici repréſentée nue, ſes cheveux ſont *épars* & fort *longs*, pour montrer ſon changement *en Comète*. Talès de Milet ne comptoit que deux *Hyadès*, l'une Auſtrale & l'autre Boréale, ce ſont peut-être elles qu'on a voulu déſigner, par les deux figures placées l'une vis-à-vis de l'autre, au bas de cette peinture; car quelques-uns les croyoient filles d'Atlas. Je finirai par obſerver les deux *indications* de Bacchus, j'ai déjà fait voir pourquoi on les trouve ordinairement dans les ſujets où il s'agit de Vénus & de l'Amour.

PLANCHE XV.

Un Génie tient l'*indication* du *Soleil* ou d'*Apollon*; c'étoit le Dieu dont les Oracles étoient les plus reſpectés, & celui qui *inſpiroit* les Devins. Platon, dans ſon *Banquet*, dit que les Génies ſont comme des eſpèces d'*interprêtes & d'Ambaſſadeurs entre les Hommes & les Dieux; c'eſt par leur miniſtère qu'arrivent toutes les* révélations *& les* préſages *de quelque nature qu'ils puiſſent être*, « car chacun d'eux, ajoute Apulée, *de Deo Socrat.* » prend ſoin des choſes qui regardent ſon emploi, en faiſant » naître des *ſonges*, en diſpoſant les *entrailles* des victimes, » en gouvernant le *chant* ou le *vol* des oiſeaux, en *inſpirant les* » *Devins*, en faiſant *luire* les *éclairs* dans les nues, en lan- » çant la *foudre*, en *dirigeant enfin tout ce qui ſert à connoître* » *l'avenir*.

De tous les Génies deſſinés dans cet ouvrage, avec une eſpèce d'*Armille* autour de la cuiſſe, comme celui de cette peinture, il n'en eſt aucun qui ne tienne ou ne ſe trouve accompagné de quelque *indication* d'Apollon. L'une de ces *indications* en forme de flamme, *à la Planche VII du Troiſiéme Vol.* eſt reliée par deux cerceaux ſemblables à deux *armilles*, il ſemble donc que les Génies qui portent la *marque* même des *indi-*

cations du Dieu qui *inspire les Prophêtes*, doivent être ceux par *qui arrivent toutes les révélations & les présages*, comme le disoit Platon, & sont les *interprêtes* d'Apollon, comme Acratus ou Ampelus l'étoient de Bacchus.

PLANCHE XVI.

Cette ingénieuse Peinture ne représente pas, comme quelques-unes des précédentes, les *Scènes Mystiques* d'Eleusis, mais une partie de la *Procession* de Cérès dans les fêtes qu'on y célébroit en son honneur.

Triptoleme tient le Sceptre de la Déesse, il paroît assis sur son char. En mémoire de flambeaux qu'elle alluma aux feux de l'Etna, ses Mélisses en portent deux près de Triptoleme: la coupe de Métanire est rappellée par celle qu'on lui présente, comme le souvenir d'Eumolpe & de Dioclès l'est par les Prêtres qui se voyent ici.

Ce char est très-remarquable, deux serpens en font mouvoir les roues, la queue de ces reptiles se bifourche comme le coude d'une charrue, afin d'exprimer l'effet du soc de cette utile instrument, qui rampe dans la terre, & qui marche tortueusement comme le serpent. Deux grandes aîles sont attachées à l'essieu des roues, parce que les serpens qui trainoient Cérès, étoient aîlés. Ces aîles indiquent encore que ce char, par ordre de la Déesse, devoit transporter Triptoleme sur toute la terre, pour y enseigner l'art de la cultiver, dont elle l'avoit instruit. La *semaille* est ici représentée par les grains de froment jettés en l'air, & retombés sur le terrain, où l'on en voit deux derrière le char même.

PLANCHE XVIII.

Bacchus couronné de laurier est assis dans les airs avec Ariane, Hébé lui présente un *rayon de miel*, ce Dieu, suivant Euripide,

Euripide, donna le miel aux hommes par le moyen de ses Bacchantes.

Deux Faunes font ici partie du cortége de Bacchus; on a donné aux écailles de la pomme de Pin, qui surmonte la pointe de leur Tyrse, la forme du *cœur*, en mémoire de celui d'Iacchus.

PLANCHE XX.

En comparant cette peinture avec celle de la Planche XXXVIII *de ce Volume*, on trouvera que le Génie représenté dans toutes les deux, doit nécessairement y avoir le même emploi. En place de la ciste qui dans l'une soutient l'*indication* de Vénus, on a dans l'autre représenté Vénus même tenant en main une *indication* totalement semblable a la première : ainsi l'objet de ces deux compositions est évidemment le même, bien que la composition comme le sujet en soit différens; on doit donc trouver un mariage dans le second, ainsi que dans le premier de ces Tableaux; & pour en déterminer le sujet, il faut chercher à fixer les noms des personnages employés dans sa composition.

Eléus, successeur d'Epytus, bâtit à Tégée le fameux Temple de Minerve, qui, de son nom, prit celui d'*Alea*; il fut père d'Augé : cette Princesse eut d'Hercule un fils, dont elle crut cacher la naissance, en le déposant dans le bois sacré de Minerve. Apollodore rapporte, que son ayeul l'ayant découvert, chargea Nauplius de le faire périr avec sa mère. Cet ordre barbare ne fut pas exécuté; cependant on exposa l'enfant sur le mont *Parthenius*, où il fut allaité par une *Biche*, ce qui lui fit donner le nom de Télephe; des bergers témoins de cette aventure, prirent soin de l'élever. Devenu grand, & s'étant transporté à Delphes pour y apprendre de l'Oracle quels étoient ses parens, sur sa réponse, il passa en Mysie; c'est-là qu'en effet Nauplius avoit conduit Augé; Teuthras,

Roi du pays, l'ayant adoptée, & la traitant comme sa fille; Téléphe la reconnut, & succéda dans la suite à Teuthras, après l'avoir délivré d'Idas, fils d'Apare, qui cherchoit à lui enlever la couronne, comme le dit Hygin. *Fab.* 100.

Après diverses fortunes, Téléphe épousa *Hiera*, qu'Eustate appelle *Astioché*; c'étoit, avec Helene, la plus belle femme de son tems. On trouve dans les *Héroïques* de Philostrate, que la flotte grecque allant à Troye, débarque vers l'embouchure du Caïque, & fit une excursion dans la Mysie; Téléphe arma tous ses sujets; les femmes mêmes voulant contribuer à la défense de leur pays, la belle Hiera, qui s'étoit mise à leur tête, combattit vaillamment avec elles, & fut tuée par Hiera, qu'Homere, dans le premier Livre de son Iliade, donne pour le plus bel homme de l'armée des Grecs après Achille.

C'est Téléphe qu'on voit dans cette peinture, il est très-reconnoissable au moyen de la Biche placée à côté de lui; un Faune semble jouer avec elle; c'est le Berger, par qui ce Prince fut enlevé du mont Parthénius; la massue sur laquelle il s'appuye, indique le tems d'Hercule, où cette sorte d'arme étoit encore en usage.

Téléphe porte sur la tête une espèce de coëffure, dont la ressemblance avec le bonnet Phrygien, fait sentir le *pays* où se passe l'*action* de ce Tableau; car la Mysie étoit limitrophe de la Phrygie. La présence de Vénus marquée par son *indication*, la fonction du Génie qui tient une *couronne*, sa position entre Téléphe & la femme qui porte la main à son sceptre, font dans celle-ci reconnoître Hiera; enfin le *crater* soutenu sur la tête de cette dernière, comme sur celle d'Hélene, *Planche XXXVIII de ce Vol.* achève de montrer que ce sont les nôces d'*Hiera* & de Téléphe, qu'on a voulu représenter par cette peinture: les branches d'olivier paroissent y avoir la même signification que dans toutes les précédentes; nous ſavons en effet par Horace, que les malheurs & les aventures de ce Héros fournirent les ſujets de pluſieurs tragédies à l'ancien Théâtre des Grecs.

PLANCHE X

Bacchus aſſis, tient ſon tyrſe, & reçoit dans un vaſe la liqueur offerte par un Faune, en main de qui l'on voit le *Van Myſtique* ſur lequel eſt deſſiné l'*indication* du Soleil. Ce *Van* reſſemble beaucoup au tambourin; mais cet inſtrument ne ſe trouve jamais que dans les mains des Bacchantes.

PLANCHE XXIII.

Proceſſion que faiſoient les Athéniens dans leurs fêtes appellées Hydropoorie, en mémoire du Déluge de Deucalion: le vaſe porté au milieu du Tableau, s'appelloit *Hydria*, il contenoit de l'eau, ſymbole de l'inondation, dont le ſouvenir étoit rappelé par cette cérémonie. Les bâtons recourbés marquent la fuite des habitans du plat pays, pour ſe retirer ſur les montagnes. On montroit dans Athènes pluſieurs monumens du grand événement qui avoit fait inſtituer cette fête lugubre. Voyez Pauſan. *in Attic.*

PLANCHE XXIV.

Danſe à l'honneur de Bacchus. Elle repréſente un Faune qui ſurprend deux Nymphes, & figure en même tems l'attaque & la défenſe naturelle au caractère des deux ſexes.

PLANCHE XXVI.

Elle ſemble repréſenter une cérémonie domeſtique, à l'honneur du Dieu dont l'indication eſt entre les mains de l'une de ces femmes.

PLANCHE XXIX.

Sacrifice à Bacchus, ainsi qu'on peut le croire par les couronnes de myrthes de ceux qui y assistent. C'est sans doute une *indication* entourée de ces bandelettes qu'on porte à côté de la figure disposée à faire une libation sur l'autel.

PLANCHE XXXI.

Ces deux femmes assises tiennent les *indications* du *Soleil* & de la *Lune* : les ornemens de leurs étuis les distinguent des miroirs consacrés à ces mêmes Divinités.

PLANCHE XXXIV.

Festin des fêtes de Bacchus.

PLANCHE XXXV.

L'Ethiopie avoit la réputation d'être le pays le plus religieux de la terre, elle fut regardée comme l'une des bornes du Soleil à qui elle étoit consacrée. L'*indication* de ce Dieu est représentée dans l'étui qu'on voit ici, près d'un Ethiopien; il tient une ciste sur un autel, ou plutôt sur une colonne symbolique, dont la forme pyramidale paroît indiquer le Soleil; car on sçait que les obélisques lui étoient dédiés. Le chapiteau avec un ornement de couleur noire placé sur cette colonne, semble marquer qu'elle est également consacrée aux deux astres du jour & de la nuit; c'est la raison pour laquelle une femme présente à cette même colonne l'*indication* de la Lune, reconnoissable au croissant qui en soutient l'étui; c'est encore une autre *indication* de la même Déesse qu'on voit à côté de cette femme, dont l'habillement, la coëffure, ainsi que la bandelette noire, paroissent affecter les couleurs de la nuit, comme le tems du règne de Diane.

PLANCHE XXXVII.

Enlévement de Proserpine. Le char de Pluton est précédé par Mercure qui, comme on sait, étoit l'un des Dieux infernaux; le sceptre marque ici l'invincible puissance du Dieu des mânes, qui ne permet pas de retour à la vie; les couronnes sont les signes du mariage.

PLANCHE XXXVIII.

Ce Génie me semble être celui de la Poésie. Il ordonne au Poëte désigné par sa lyre, d'aller chanter les exploits des Héros ou les louanges des Dieux.

PLANCHES XL.

On voit dans cette peinture, Cérès reconnoissable à son flambeau, Minerve & Apollon : ces Dieux pourroient être assemblés avec Silene qui joue de la double flute, pour concerter l'éducation de Bacchus, dont Silene fut en effet le précepteur.

PLANCHE XLI.

Si l'on se rappelle l'*explication* de la *Planche VIII du second Volume*, si l'on compare les trois figures de la seconde partie de cette peinture avec celle que l'on voit ici, on trouvera que les sujets sont les mêmes; car dans l'un & dans l'autre, on voit un homme qui présente l'*indication* du Soleil ou d'Apollon au Poëte qu'il invite à célébrer les louanges de ce Dieu. Dans la première de ces peintures, le Poëte porte une lyre; dans la seconde, il paroît *méditer* les vers qu'il va chanter, & peut-être que le bâton de berger sur lequel il s'appuye, indique le genre pastoral auquel il s'applique. Il est enveloppé dans son manteau.

PLANCHE XLIII.

J'ai dit pourquoi je croyois que les trois méditations de ce Génie, & les trois pierres ſur leſquelles il eſt aſſis, étoient celles des graces; j'ai dit encore la raiſon pour laquelle l'étui en forme de feuille de lierre porté par ce même Génie, en étoit le reliquaire. J'obſerverai ſeulement ici que, dans l'Altis d'Olympie, on trouvoit, au rapport de Pauſanias, *Lib. V. Chap. XIV.* deux autels conſacrés en même tems à *Bacchus* & aux *Graces;* de ſorte qu'il n'eſt pas étonnant qu'on ait choiſi la forme de la feuille d'une plante conſacrée à ce Dieu, pour y renfermer les indications des trois Déeſſes, dont il s'agit dans ces différens articles.

PLANCHE XLIV.

Cérès aſſiſe, tenant en main un inſtrument inconnu, qui pourroit avoir été en uſage dans quelque partie de l'Agriculture des Grecs. Le *Van Myſtique* eſt placé entr'elle & le Génie qui tient une couronne, c'eſt l'indice du Prêtre conducteur des *Theſmophories*, car on l'appelloit Porte-couronne; le livre préſenté à la Déeſſe paroît être celui des loix qu'elle donna aux hommes. Suivant le Commentateur de Théocrites, *ad Idylle* 4, les femmes Athéniennes portoient dans ces fêtes *les livres des loix ſur leur tête*, & marchoient en pompe par la voie ſacrée qui conduiſoit d'Athènes à Eleuſis. Les territoires de ces deux villes étoient ſéparés par le Céphiſe qu'on traverſoit ſur un pont, c'eſt-là que les proceſſions s'arrêtoient; la colonne qui ſe voit ici, y repréſente l'autel où l'on poſoit les choſes ſacrées, c'eſt pour marquer cette pauſe, que la Prêtreſſe s'appuye & ſoutient ſur cette colonne le Miroir conſacré à Cérès.

Démosthènes, Plutarque & Diodore de Sicile, parlent des *Thesmophories*, dont ils attribuent l'institution à l'ancien Orphée, ou à Triptolème, Roi d'Athènes. Les hommes & les esclaves des deux sexes, n'étoient point admis à leur célébration; cependant l'obcène représentation du *Pecten* leur fut reprochée par Clément d'Alexandrie, & par Théodoret, quoiqu'il semble que toute sorte de dissolution fût scrupuleusement éloignée de ces fêtes, dont les Prêtres, suivant Hésychius, s'obligeoient à la chasteté la plus exacte. Quant aux femmes qui y participoient, elles se condamnoient, non-seulement au jeûne, comme on le voit dans Aristophane, *de Arib.* mais elles devoient encore garder la continence la plus rigide : on dit même que, pour s'en assurer, elles couchoient sur des feuilles de Saule & d'Agnus castus, cette recette, à ce que dit Pline, *Lib. XXXVII*, *de son Histoire Naturelle*, étoit regardée comme très-propre à conserver la pudicité, & le Scholiaste de Théocrite, *ad Idyll.* 7, nous apprend que ces femmes prenoient aussi de l'herbe appellée *Conysa*, dont la froideur, à ce qu'on croyoit, avoit le pouvoir d'éteindre les desirs, & d'amortir les passions.

PLANCHE XLVI.

Elle représente la cérémonie des *Triétérides* de Bacchus; ces fêtes se célébroient pendant la nuit; cette circonstance est marquée par le flambeau qu'on voit ici.

Nocturni Trieterida Bacchi.

Ce qu'on y trouve de plus remarquable, c'est, à mon gré, le sceptre de Bacchus, orné de pierres précieuses, comme une marque de ses conquêtes dans les Indes, d'où l'on tiroit le diamant, ainsi que de l'Ethiopie : il étoit si rare, dit Pline,

Lib. XXXVII, *Cap. IV*, que pendant longtems, les Rois ſeuls étoient aſſez riches pour ſe le procurer.

Mais ce qui mérite peut-être encore plus d'attention, ce ſont les *Armilles* dont ſont entourées les cuiſſes des deux Faunes voiſins de Bacchus; on a vu que, dans les Génies, ces ſortes d'*Armilles* marquoient le don de Prophéties; elles ſe trouvent ſur ces Faunes pour la même raiſon, car Bacchus étoit auſſi regardé comme le Dieu des Prophêtes, & l'on croyoit qu'il inſpiroit ſes miniſtres. Eurypide *in Bacchis* le dit poſitivement.

PLANCHE XLVII.

Faune avec deux Bacchantes.

PLANCHE L.

La Danſe, la Muſique & l'Amour ſont les trois choſes les plus capables de caractériſer le ſentiment de la joye, qu'elles augmentent ou font naître. Réunies, agiſſantes enſemble & de concert, par le moyen des figures de ce tableau, elles y marquent d'une manière très-ingénieuſe, le nombre, l'union & l'harmonie des Graces. L'*Amour* y paroît, uni à la *Danſe* & à la *Muſique* exécutées par les *Graces* mêmes vêtues d'habillemens très-légers, qui ne dérobent preſque rien de leurs traits, pour montrer qu'elles ne peuvent ſe cacher, & qu'elles ſe découvrent par-tout où elles ſont. Orphée leur donna le titre de *Mères de la brillante joye*, idée riante qui ſemble exprimée dans cette peinture, car *deux Graces y danſent avec l'Amour, au ſon d'un inſtrument à corde, touché par la troiſième.*

Le trépied, ſymbole de la préſence des Divinités, fait reconnoître celle des aimables Déeſſes repréſentées dans ce Tableau; elles ont ces beaux cheveux dont Homere les loue, & comme Horace les dépeint, *ſolutis gratiæ Zonis*; la naiveté de de leur action, jointe à leur extrême simplicité, suffiroit pour empêcher de les méconnoître; & comme elles étoient attachées à Vénus, on les a assemblées avec l'Amour, qui les embellit encore, en recevant d'elles de nouveaux charmes. Ce Dieu fait mouvoir une sorte de *Castagnettes*, dont le son accordé avec celui du *Trigone*, marqne la mesure.

Cette danse charmante, représentée par de très-jolies figures peintes sur mur dans l'ancienne Herculanum, se conserve encore dans le même pays où ces vases & ces peintures ont été découvertes; souvent je l'ai vu exécuter à Naples & dans ses environs, conduite par la mesure la plus exacte, tous ses mouvemens sont inspirés par le plaisir, elle ne connoît d'autres attitudes que celles où l'Art est étranger, d'autres loix que celle de la plus simple nature, deux personnes la peuvent exécuter, le nombre quelque grand qu'il soit, loin de la troubler, la rend plus agréable, en y jettant de la variété, toute gêne en est proscrite, & la *figure ordonnée* n'y cause pas le désordre ou la monotonie. Il ne faut pas de maître pour l'apprendre, les enfans s'y mêlant sans la déranger, tous les âges peuvent y prendre part, sans en détruire l'accord. Un Tambour de Basque, une paire de Castagnettes, une Mandoline, toute sorte d'instrument seuls, ou réunis avec d'autres, suffit pour la mettre en action : elle paroît inspirée par les Graces mêmes, & n'est pourtant sentie que du peuple; dans le raffinement de notre siècle, on ne veut que des choses difficiles à obtenir, c'est l'extraordinaire qu'on appelle agréable, le beau cesse de l'être, s'il devient commun, la rareté est le premier mérite, on jouit moins du plaisir de posséder les choses, que de celui d'en voir les autres privés; la simplicité & les Graces sont inconnues à presque tous les Arts, comme le dit un Poëte Grec; *les Graces rebutées abandonnent la terre.*

PLANCHE LII.

On voit ici une *colonne symbolique* consacrée aux Dioscures ; l'un d'eux y est *signifié* par la bandelette noire, indice de sa mort, mais l'autre y est représenté comme vivant. Une femme offre des fruits à ces Dieux ; la ciste se trouve à la place où l'on voit ordinairement le Tabernacle des indications.

PLANCHE LVI.

Cette peinture me semble représenter une partie de la fête des *Hydrophories* ; il en est parlé ci-dessus au sujet de la Planche 24 *de ce Volume*, des hommes seuls participent à cette dernière ; mais celle-ci fait soupçonner que les femmes la célébroient à part, comme il étoit d'usage en beaucoup d'autres cérémonies du même genre, desquelles on éloignoit les hommes, & même les chiens mâles. *Pausanias in Achaie.*

PLANCHE LVII.

Ce Génie tient sur une patere l'*indication* du Soleil ou d'Apollon, la bandelette en marque la consécration ; sous lui on voit une autre *indication* de ce Dieu par le Globe, une troisième se trouve encore à son côté. C'est donc indubitablement un des Génies d'Apollon, l'armille de perles dont sa cuisse est entourée, marque, comme nous l'avons dit ailleurs, celui qui présidoit à la dévination.

PLANCHE LIX.

Scène de Théâtre. Jupiter, reconnoissable au *Modius* qu'il a sur la tête, est cependant déguisé en esclave ; il porte une échelle pour s'introduire chez Alcmene, qu'on voit à la fenêtre ; Mercure dans un habit tout semblable, avec un chapeau de voyage, accompagne Jupiter, son caducée renversé montre qu'il ne veut pas être connu; l'attribut bizarre qu'on voit, étoit un usage indécent du Théâtre des Anciens, sur lequel il ne convient pas de s'étendre.

PLANCHY LX.

Bacchanale où l'on trouve un indication de Bacchus par la feuille de vigne.

PLANCHE LXI.

Combat d'un Arimaspe contre deux Gryphons; on voit ici comme à la *Planche* 48 *du second Volume*, le cœur d'Iachus, parce que le vase d'où sont tirées ces deux gravures, étoit consacré à Bacchus, ainsi qu'on en peut juger par cette *peinture*, car elle en fait le sujet principal. Ce même vase est un de ceux que les Anciens appelloient des *Sceaux Corinthiens* à double fond.

PLANCHE LXIII.

Ceci représente une fête de Bacchus. Il est couronné de *fleurs* & de *raisins*, de *lierre* appellés *Corymbi.* Ce que ce Dieu & ses Bacchantes tiennent en main, semble être quelque branche de cette plante serpentante, dont il prit le nom de *Corymbifer.* Ovid. I. *Fast.*

Sacra Corymbiferi celebrat Græcia Bacchi.

PLANCHE LXV.

Un des Génies d'Apollon lui présente une couronne de laurier; ce Dieu en tient un rameau, & porte son arc de l'autre main. C'est peut-être Diane qu'on a mis près de lui; comme dans cette peinture, le Génie d'Apollon est habillé en femme, c'est, je crois, par allusion aux Muses, dont Apollon étoit le chef, ainsi ce Génie seroit proprement celui de la Poésie. Ceux de Bacchus & d'Hercule sont quelquefois représentés en habits de femmes, parce que l'un & l'autre portoient le titre de *Musagete*, ou condcteuru desMuses, & c'en est peut-être une que j'ai prise ici pour Diane.

PLANCHE LXVI.

Scène de Théâtre du genre de celle de la *Planche* 59. Le rôle d'Apollon y est joué par un des Acteurs.

PLANCHE LXXII.

Bacchus entouré de ses Faunes & de ses Ménades ; elles semblent, par leurs mouvemens, se préparer à célébrer ses Orgies. La Panthere qui est l'un des attributs de ce Dieu, joue avec une Bacchante. Les écailles des pommes de Pin, placées sur les tyrses, ainsi que celles qui forment les couronnes de tous les Acteurs, sont en forme de cœur, pour les raisons déjà marquées dans quelques-unes de ses peintures.

FIN.

TABLE

Des Peintures contenues dans le Tome IV.

APPROBATION.

J'AI examiné par ordre de Monseigneur le Garde des Sceaux, *Les Antiquités Etrusques* ou *Collection des Vases Etrusques*. *avec leurs explications*, *gravées par M. David*, & n'y ai rien trouvé qui puisse en empêcher la publication. A Paris, le 23 Janvier 1785.

ROBIN.

PRIVILÉGE DU ROI.

LOUIS, PAR LA GRACE DE DIEU, ROI DE FRANCE ET DE NAVARRE; A nos amés & féaux Conseillers, les Gens tenans nos Cours de Parlement, Maîtres des Requêtes ordinaires de notre Hôtel, Grand-Conseil, Prévôt de Paris, Baillifs, Sénéchaux, leurs Lieutenans Civils, & autres nos Justiciers qu'il appartiendra: SALUT. Notre bien amé le Sieur F. A. DAVID Nous a fait exposer qu'il desireroit faire graver & donner au Public *Les Antiquités Etrusques*, *ou Collection des plus belles Peintures des Vases Etrusques*, *avec leurs Explications*, *gravées par ledit sieur* DAVID, s'il nous plaisoit lui accorder nos Lettres de Privilége à ce nécessaires: A CES CAUSES, voulant favorablement traiter l'Exposant, Nous lui avons permis & permettons par ces Présentes, de faire graver les Ouvrages ci-dessus énoncées, en telle forme & autant de fois que bon lui semblera, & de le vendre, faire vendre & débiter par tout notre Royaume: Voulons qu'il jouisse de l'effet du présent Privilége, pour lui & ses hoirs à perpétuité, pourvu qu'il ne le rétrocède à personne ; & si cependant il jugeoit à propos d'en faire une cession, l'Acte qui la contiendra sera enregistré en la Chambre Syndicale de Paris, à peine de nullité, tant du Privilége que de la cession ; & alors par le fait seul de la cession enregistrée, la durée du présent Privilége sera réduite à celle de la vie de l'Exposant, ou à celle de dix années, à compter de ce jour, si l'Exposant décède avant l'expiration desdites dix années ; le tout conformément aux articles IV & V de l'Arrêt du Conseil, du 30 Août 1777, portant Réglement sur la durée des Priviléges en Librairie. Faisons défenses à tous Dessinateurs, Graveurs & Imprimeurs en taille-douce & autres Personnes de quelque qualité & condition qu'elles soient, de graver, faire graver ni imprimer, débiter ou faire débiter lesdits Ouvrages, d'en introduire dans le Royaume de Gravures étrangères, ni d'en faire aucuns extraits, sous quelque prétexte que ce puisse être, sans la permission expresse & par écrit dudit Exposant, ou de ceux qui auront droit de lui, à peine de confiscation, tant des Dessins, Planches & Estampes, que des ustensiles qui auroient servi à la contrefaction, que nous entendons être saisis, en quelques lieux qu'ils soient, de six mille livres d'amende, qui ne pourra être modérée, pour la première fois, de pareille amende & de déchéance d'état en cas de récidive & de tous dépens, dommages & intérêts, conformément à l'Arrêt du Conseil du 30 Août 1777, concernant les contrefaçons. A la charge que ces présentes seront enregistrées tout au long sur le Registre de la Communauté des Imprimeurs & Libraires de Paris, dans trois mois de la date d'icelles : que l'impression ou gravure desdits Ouvrages sera faite dans notre Royaume & non ailleurs ; qu'avant de les mettre en vente, les Dessins ou Estampes qui auront servi à la gravure des Planches, seront remis dans le même état, ès mains de notre très-cher & féal Chevalier Garde des Sceaux de France, le Sieur HUE DE MIROMENIL, Commandeur de nos Ordres, qu'il en sera ensuite remis deux Exemplaires dans notre Bibliothèque publique, un dans celle de notre Château du Louvre, un dans celle de notre très-cher & féal Chevalier, Chancelier de France, le Sieur DE MAUPEOU, & un dans celle dudit Sieur HUE DE MIROMENIL. Le tout à peine de nulité des présentes : du contenu desquelles vous MANDONS & enjoignons de faire jouir ledit Exposant & ses ayant causes, pleinement & paisiblement, sans souffrir qu'il leur soit fait aucun trouble ou empêchement. VOULONS qu'en mettant, en quelque endroit desdits Ouvrages, ces mots : *Avec Privilège du Roi*, ces Présentes soient tenues pour duement signifiées. COMMANDONS au premier notre Huissier ou Sergent sur ce requis, de faire pour l'exécution d'icelles, tous actes requis & nécessaires, sans demander autre permission, & nonobstant clameur de haro, charte Normande, & lettres à ce contraires : CAR tel est notre plaisir. DONNÉ à Paris, le vingtième jour du mois de Juillet, l'an de grace mil sept cent quatre-vingt-cinq, & de notre Règne le douzième. Par le Roi en son Conseil.

Signé, LE BEGUE.

Registré sur le Registre XXII de la Chambre Royale & Syndicale des Libraire & Imprimeurs de Paris, *N°*. 385, *fol* 385, *conformément aux dispositions énoncées dans le présent Privilège*, *& à la charge de remettre à ladite Chambre les neuf Exemplaires prescrits par l'Arrêt du Conseil d'Etat, du* 16 *Avril* 1785. *A Paris, le deux Août* 1785.

LE CLERC, *Syndic*.

De l'Imprimerie de CAILLEAU, rue Galande, N°. 64.

Nº 1.

Tom. IV.

2.

Tom.IV.

3

Tom. IV.

4

Tom. IV.

5.

Tom. IV.

6.

Tom. IV.

7'

Tom IV.

Tom. IV.

9

Tom. IV.

10.

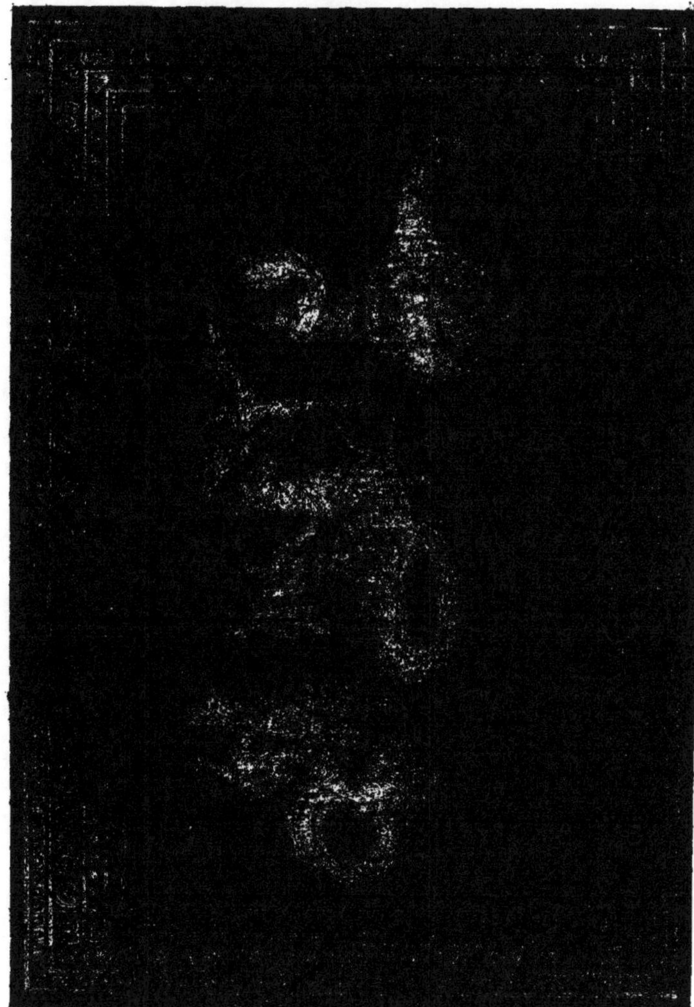

Tom.IV.

11.

Tom. IV.

12

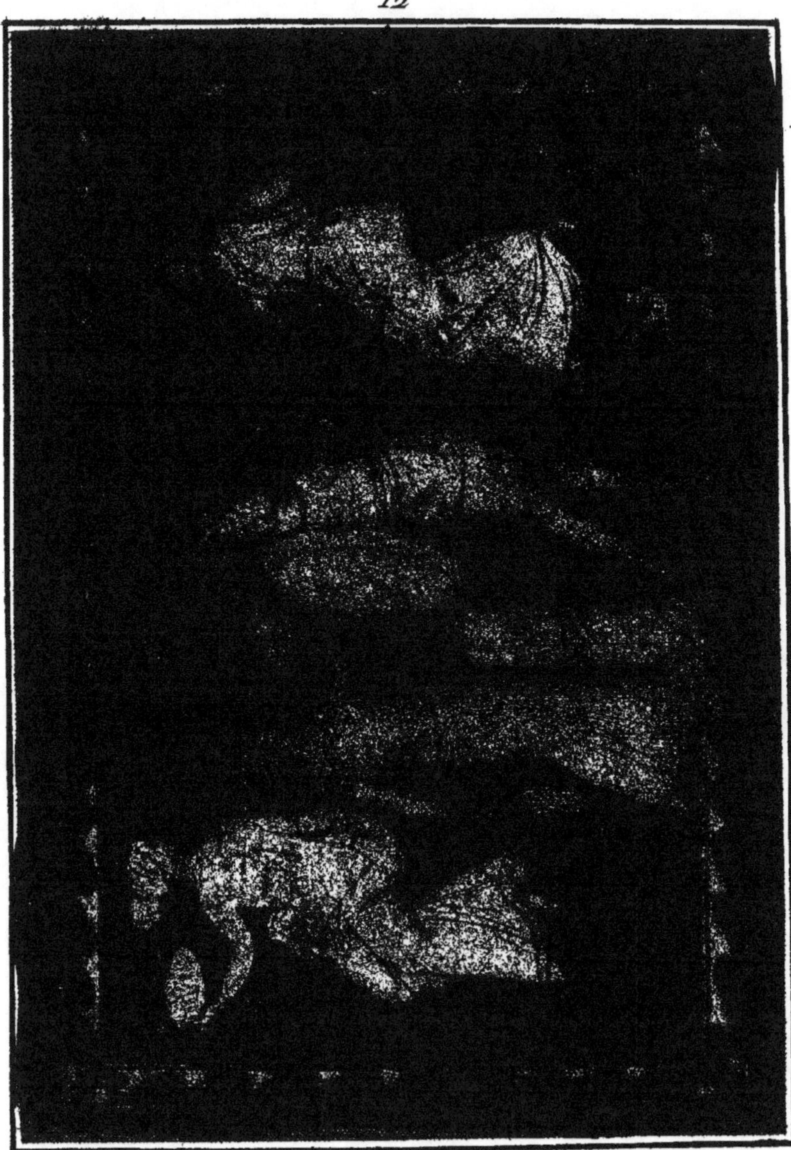

Tom. IV.

13.

Tom. IV.

14.

Tom. IV.

Tom. IV.

16.

Tom. IV.

Tom. IV.

28

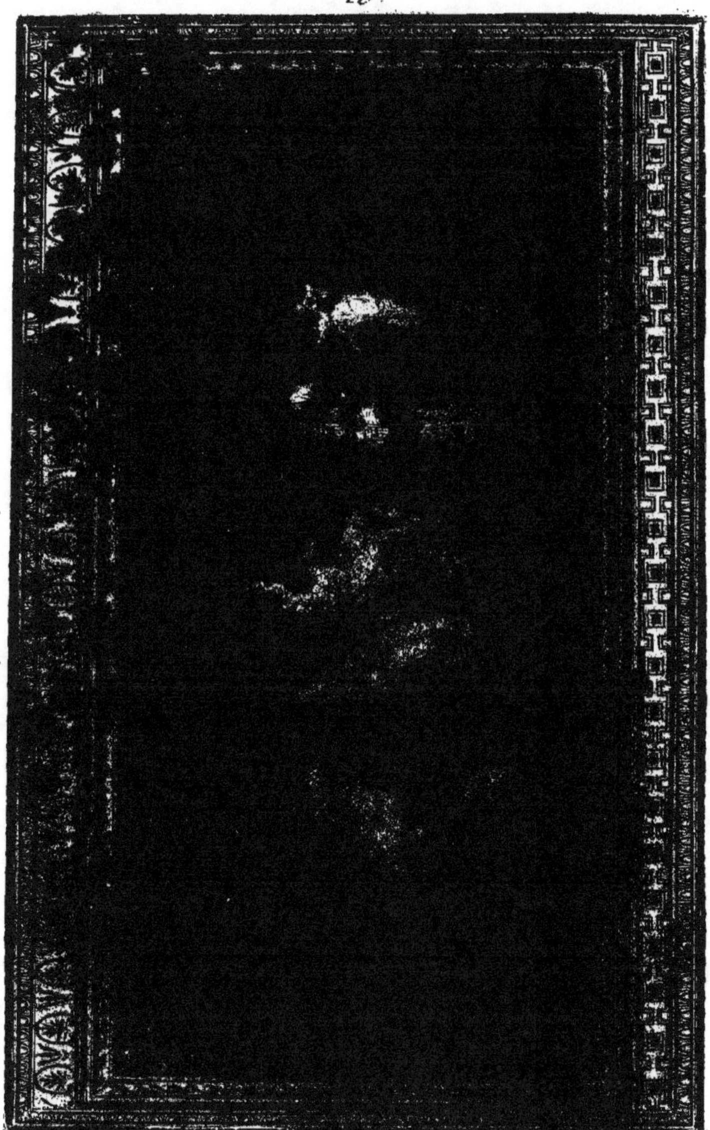

Tom. IV.

19.

Tom. IV.

20.

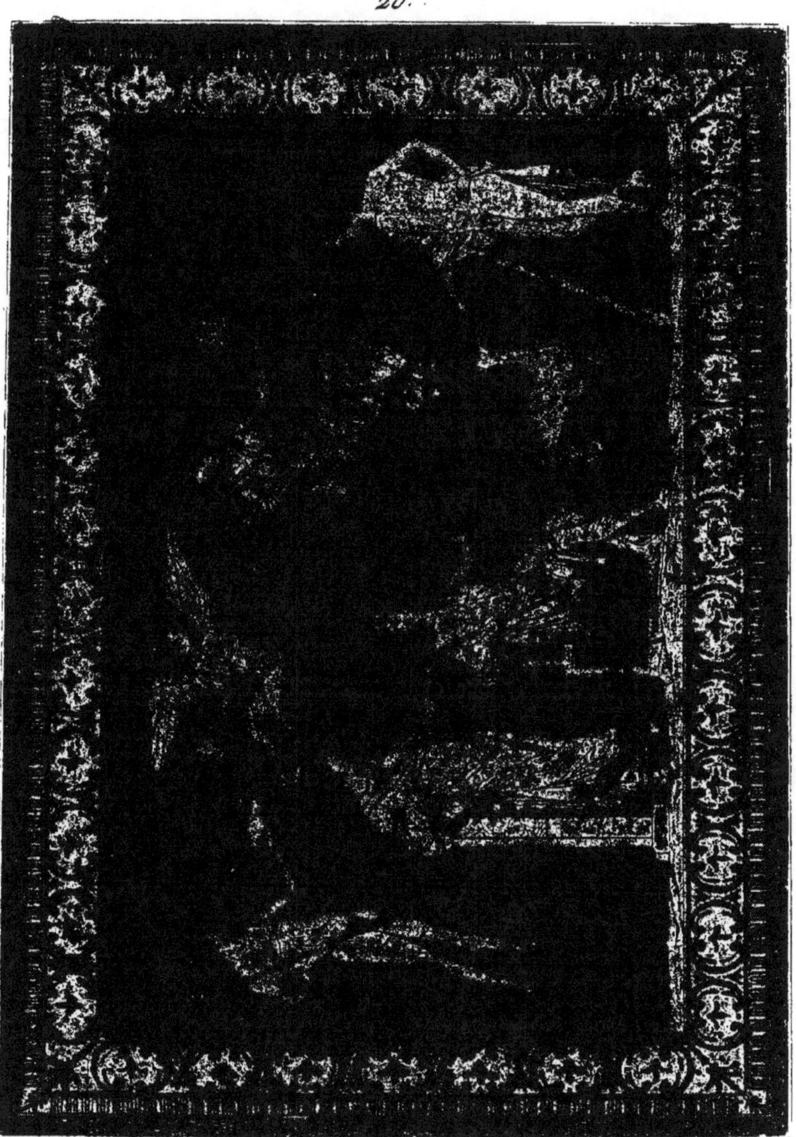

Tom. IV.

Tom. IV.

22

Tom. IV.

23

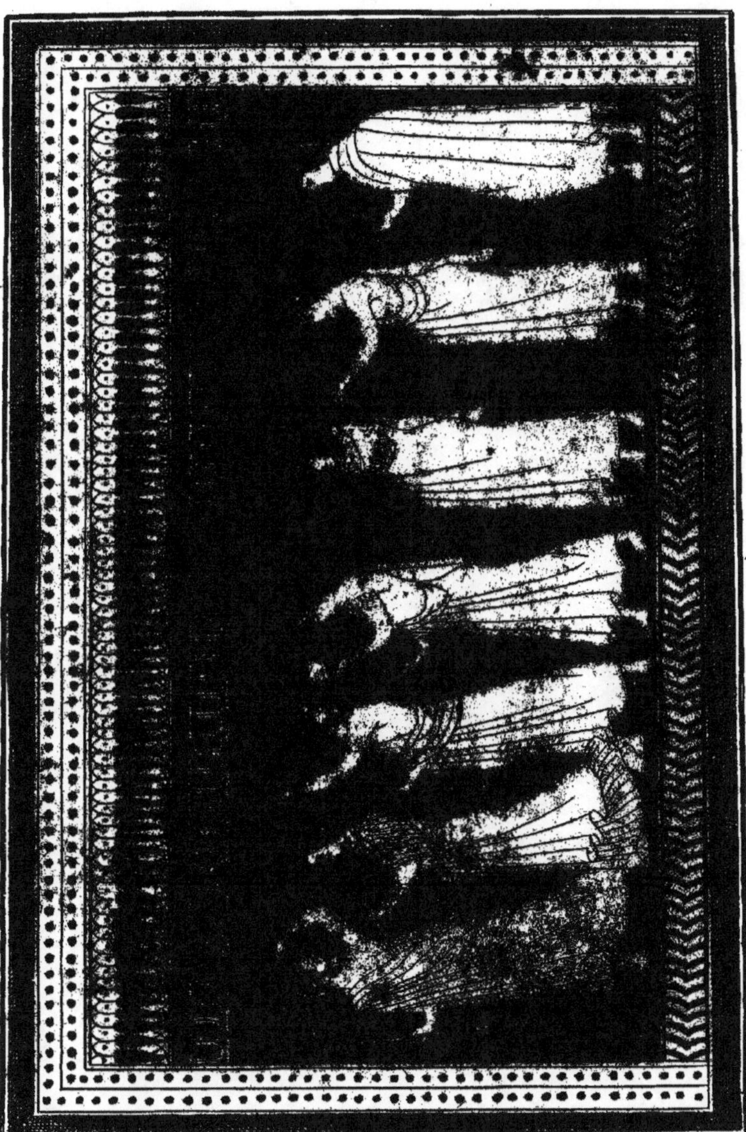

Tom. IV.

Tom. IV.

26.

Tom. IV.

27

Tom. IV.

28.

Tom. IV.

29.

Tom. IV.

30.

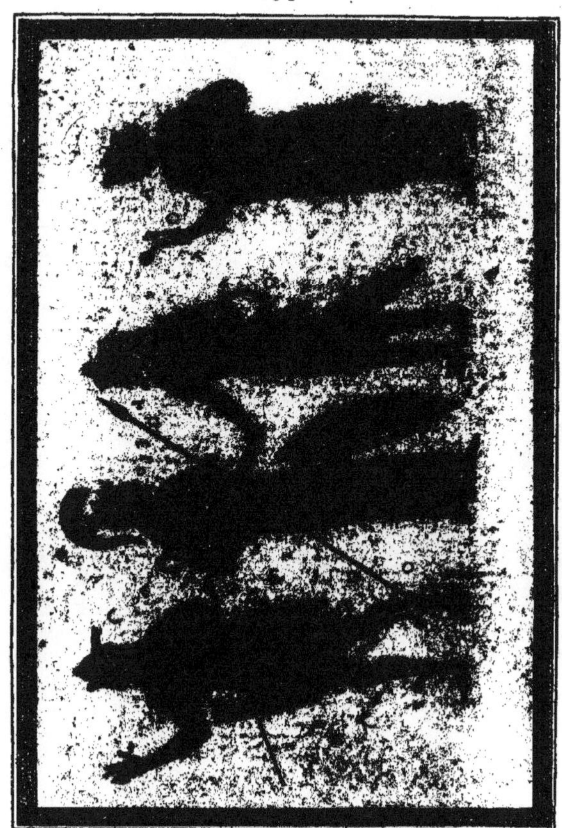

Tom. IV.

32.

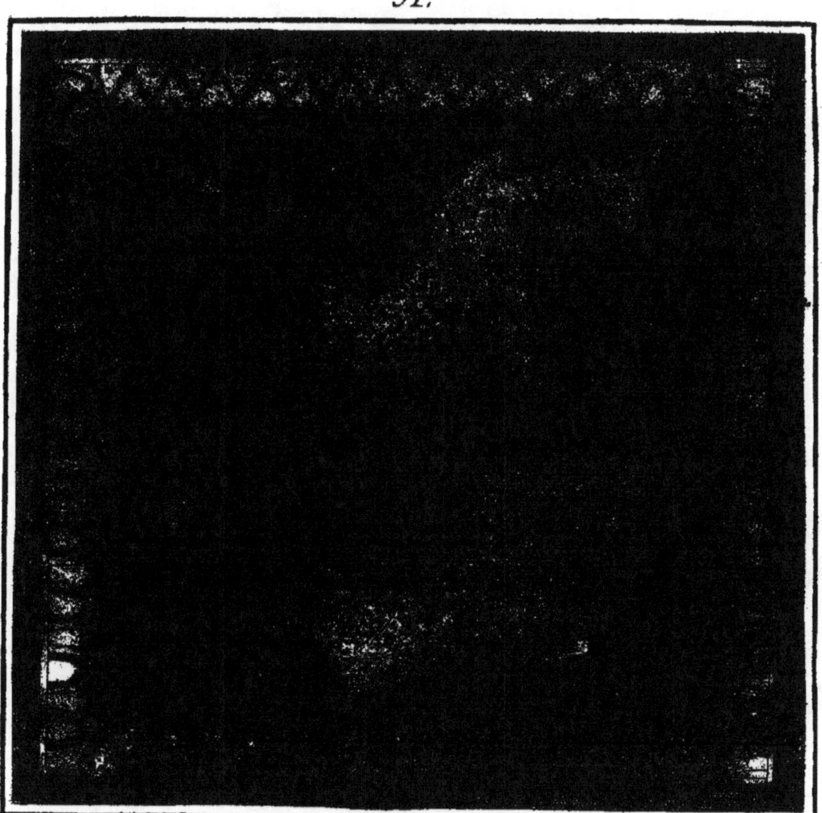

Tom. IV.

Tom. IV.

Tom. IV.

34.

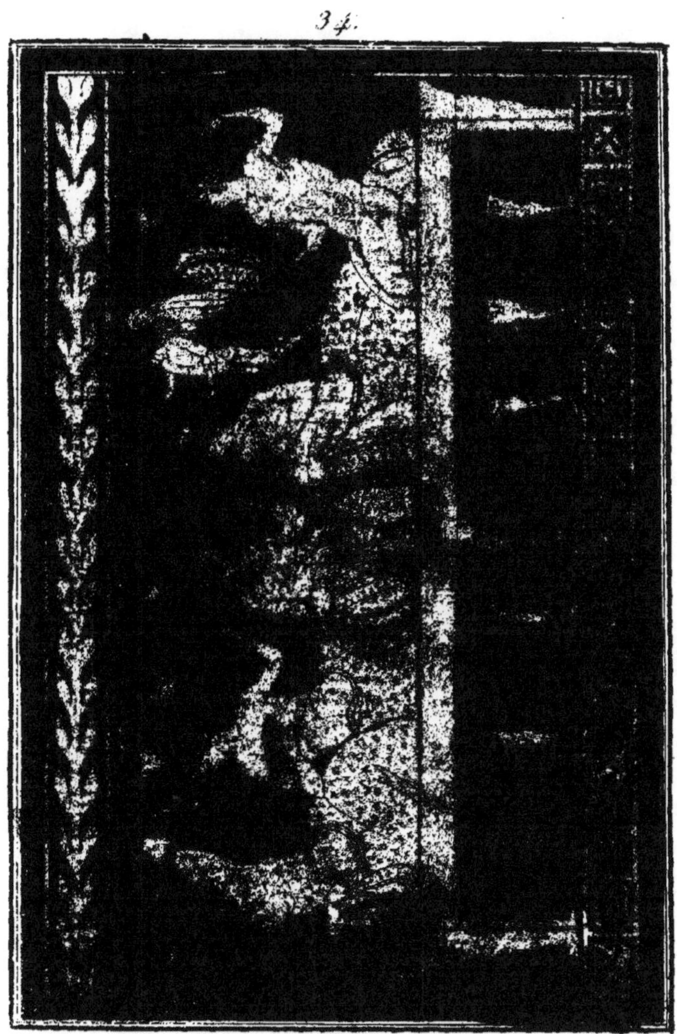

Tom. IV.

35.

Tom. IV.

36.

Tom. IV.

37.

Tom. IV.

38.

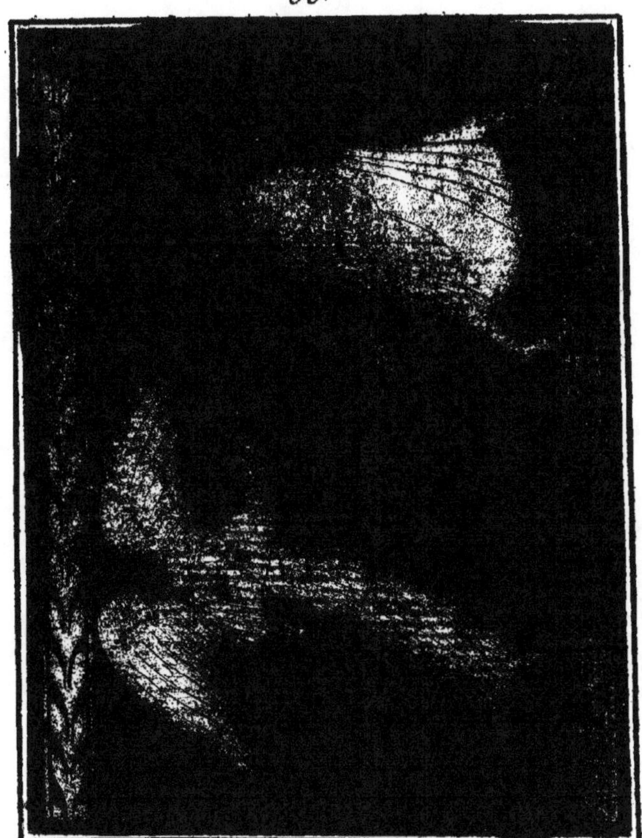

Tom. IV.

39.

Tom. IV.

40.

Tom. IV.

42.

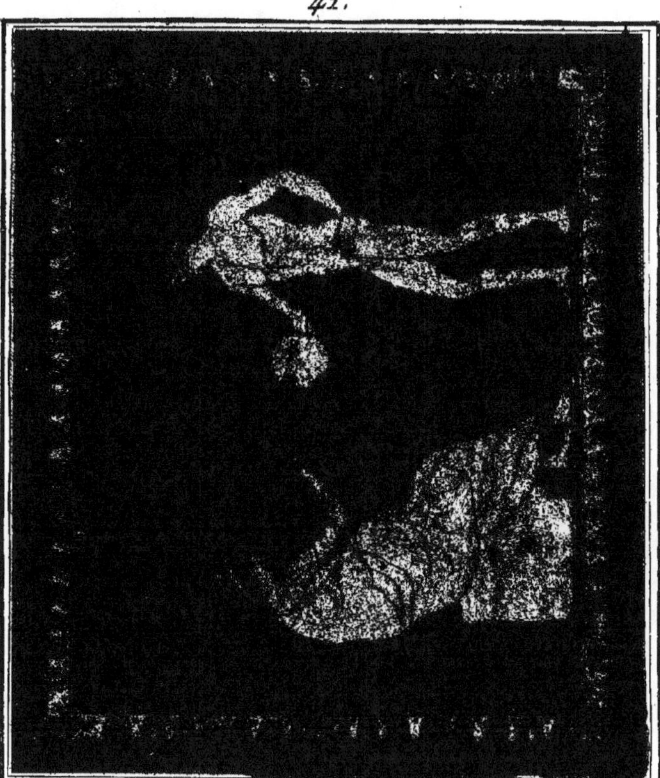

Tom. IV.

43.

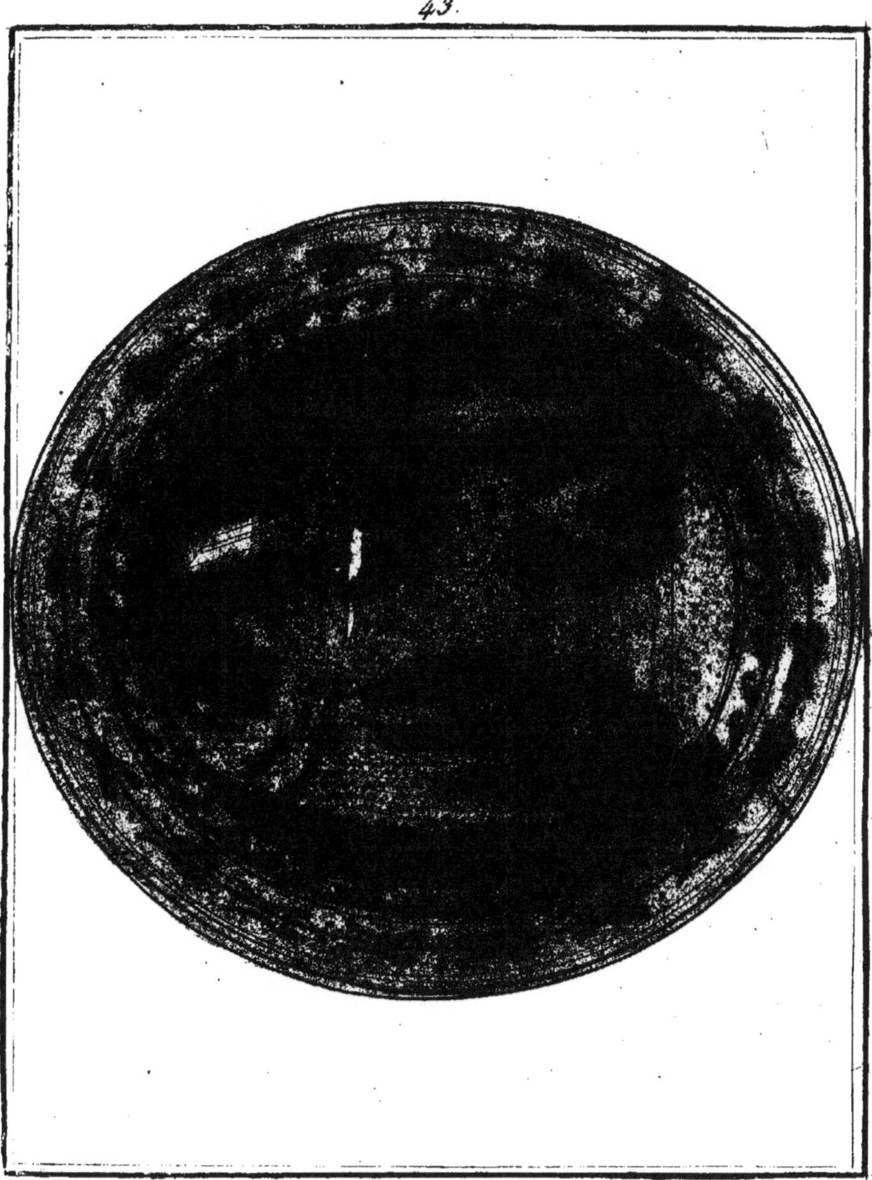

Tom. IV.

44.

Tom. IV.

Tom. IV.

Tom. IV.

47

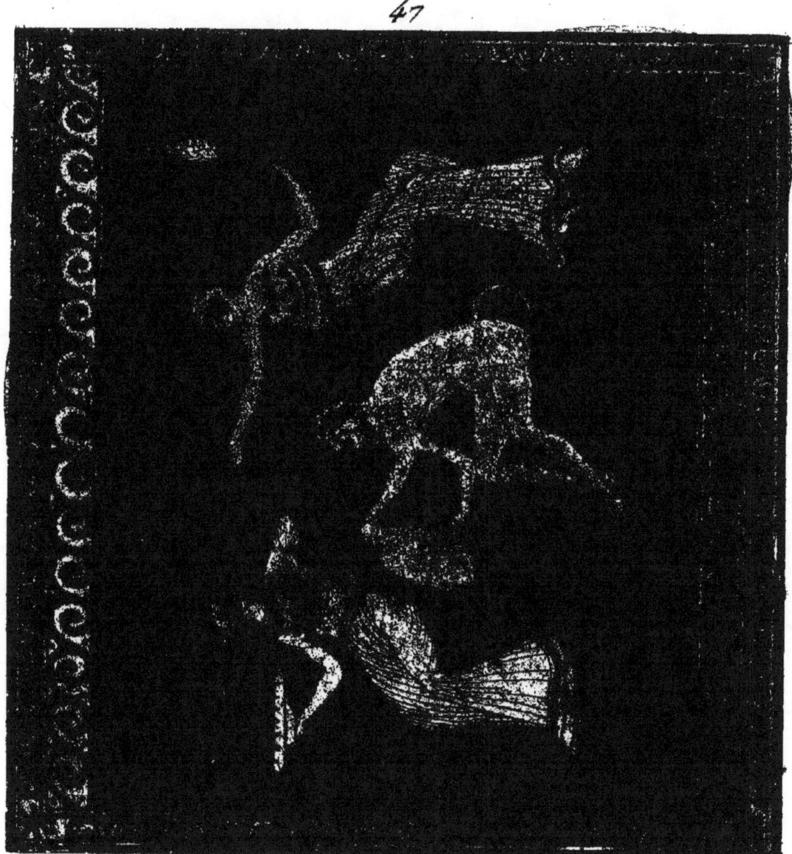

Tom . IV.

Tom IV.

49.

Tom. IV.

Tom. IV.

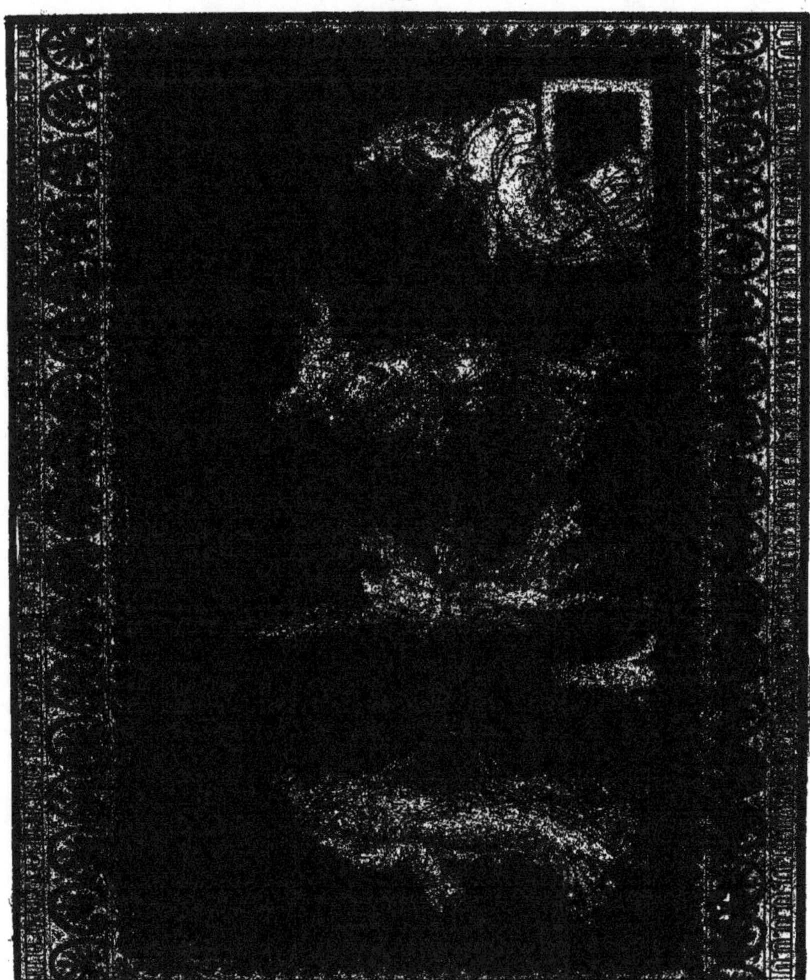

Tom. IV.

52.

Tom. IV.

Tom. IV.

54

Tom. IV.

Tom. IV.

56.

Tom. IV.

57.

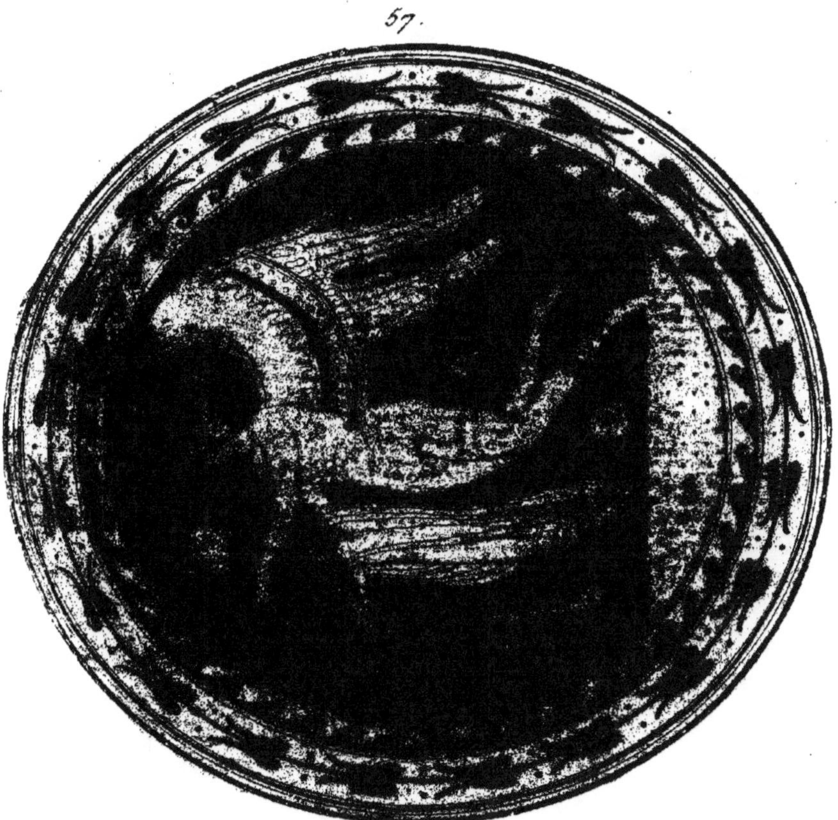

Tom. IV.

58.

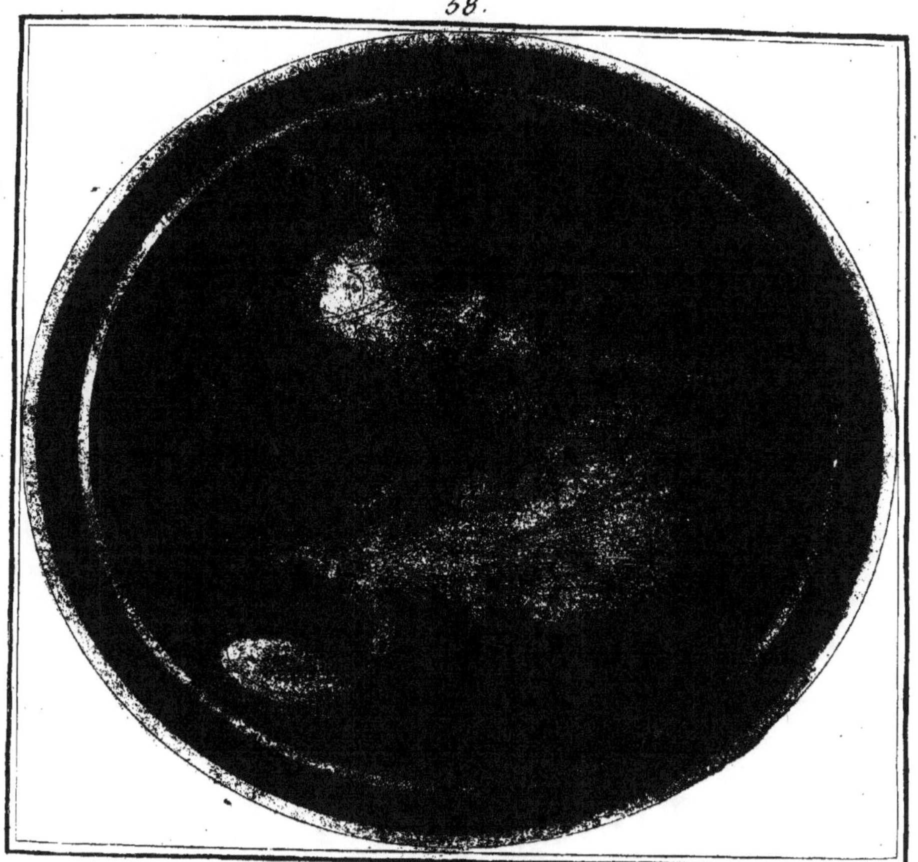

Tom. IV.

59.

Tom. IV.

60.

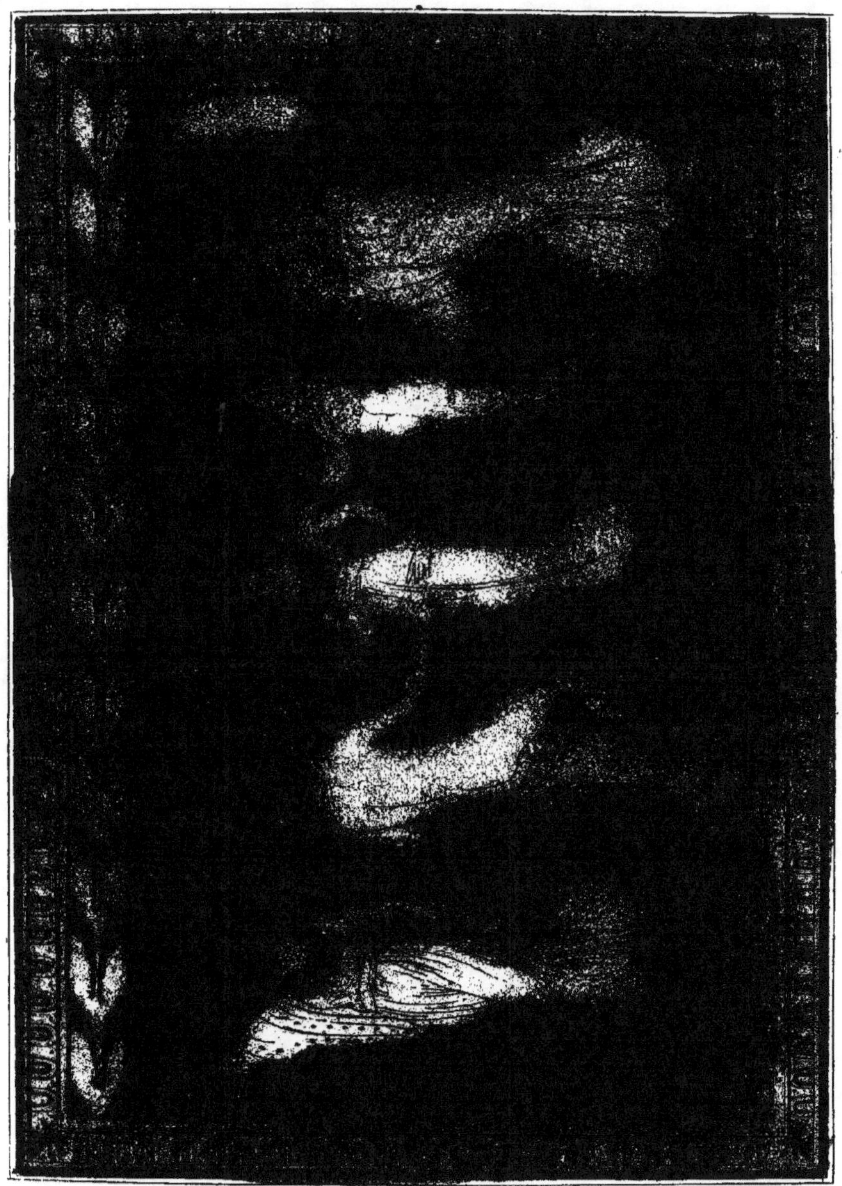

Tom. IV.

61.

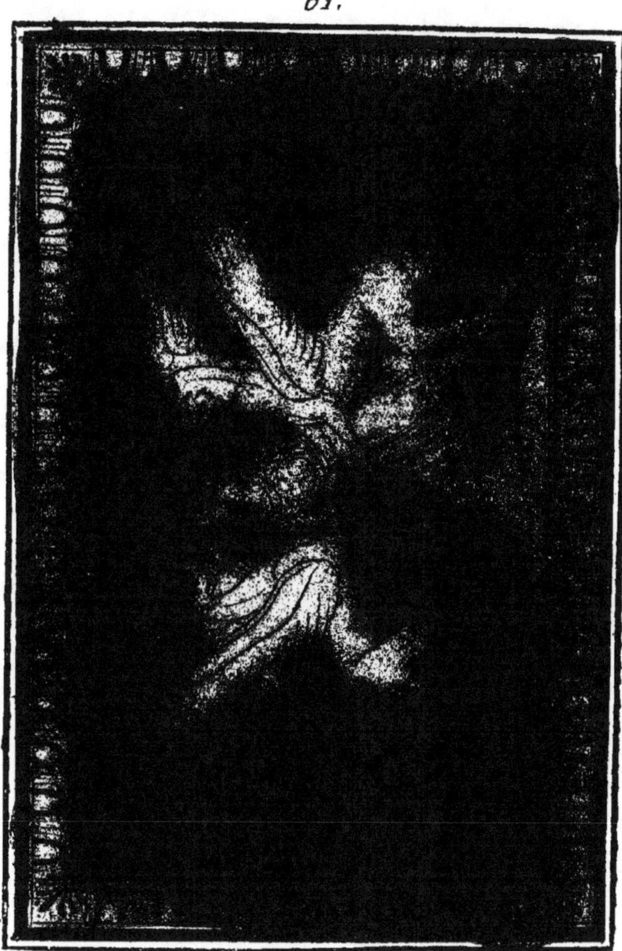

Tom. IV.

62.

Tom. IV.

63.

Tom. IV.

64.

Tom. IV.

65.

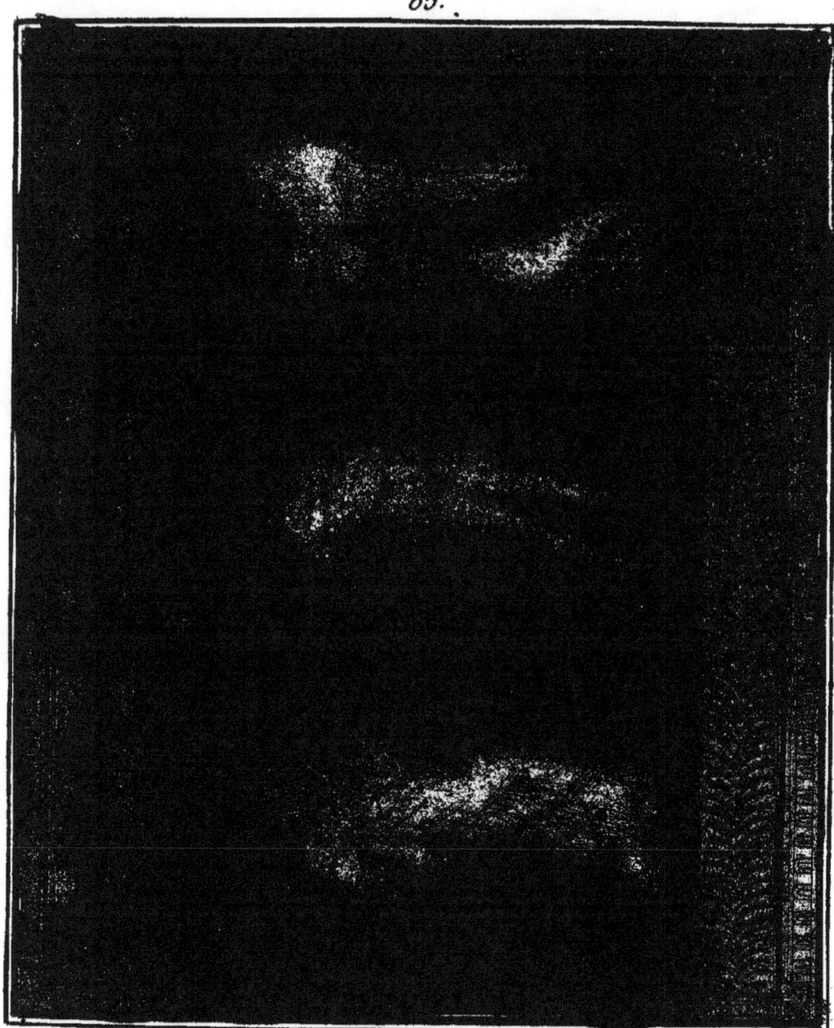

Tom. IV.

66.

Tom. IV.

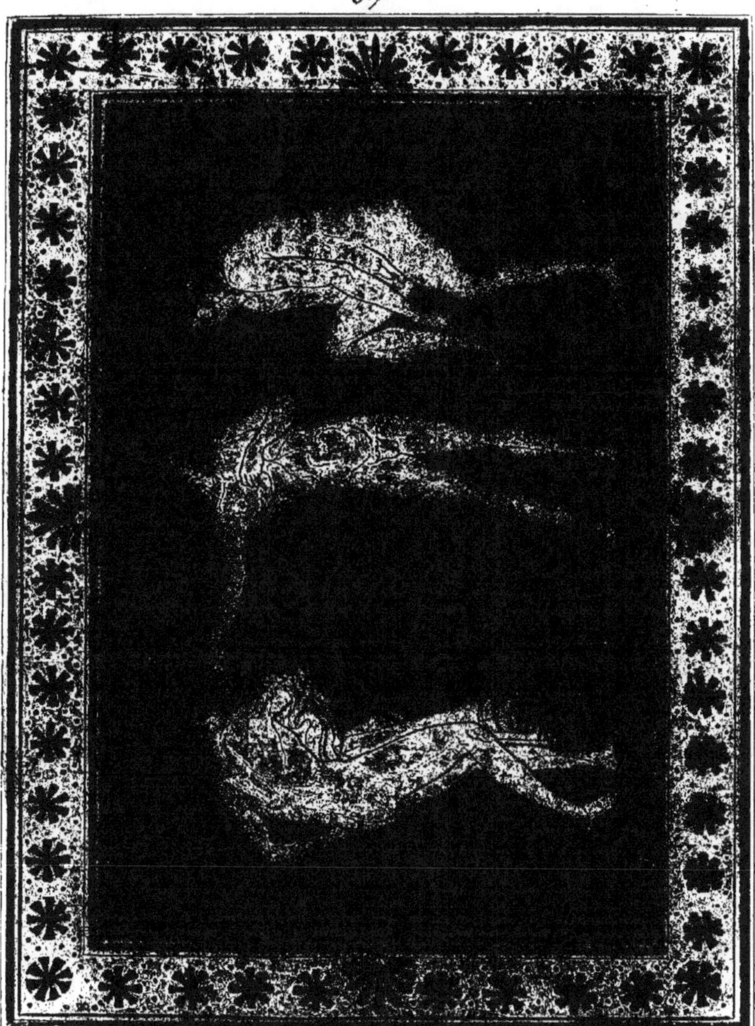

Tom. IV.

68.

Tom. IV.

Tom. IV.

70.

Tom. IV.

71.

Tom. IV.

Tom. IV.

www.ingramcontent.com/pod-product-compliance
Lightning Source LLC
LaVergne TN
LVHW020539230826
846091LV00002B/322

* 9 7 8 2 3 2 9 3 5 0 6 0 8 *